Arbeitsgemeinschaft Medizinrecht im
Deutschen Anwaltverein, Berlin
Institut für Rechtsfragen der Medizin, Düsseldorf (Hrsg.)

Aktuelle Entwicklungen im Medizinstrafrecht

13. Düsseldorfer Medizinstrafrechtstag

Nomos

Deutscher Anwaltverein
Arbeitsgemeinschaft
Medizinrecht

Institut für Rechtsfragen
der Medizin Düsseldorf

Die Deutsche Nationalbibliothek verzeichnet diese Publikation in der Deutschen Nationalbibliografie; detaillierte bibliografische Daten sind im Internet über http://dnb.d-nb.de abrufbar.

ISBN 978-3-7560-0106-4 (Print)
ISBN 978-3-7489-1513-3 (ePDF)

Onlineversion
Nomos eLibrary

1. Auflage 2023

Vorwort

Am 12. November 2022 veranstaltete das Dr. med. Micheline Radzyner-Institut für Rechtsfragen der Medizin (IMR) der Heinrich-Heine-Universität Düsseldorf gemeinsam mit der Arbeitsgemeinschaft Medizinrecht im Deutschen Anwaltverein (DAV) zum 13. Mal den Düsseldorfer Medizinstrafrechtstag im Industrie-Club Düsseldorf. Erfreulicherweise konnte die Veranstaltung wie schon im vergangenen Jahr wieder in Präsenz durchgeführt werden, wodurch sich für die Teilnehmerinnen und Teilnehmer immer wieder die Möglichkeit zum persönlichen Austausch ergab. Der Medizinstrafrechtstag bot sieben interessante Vorträge aus Lehre und Praxis sowie erneut eine Plattform für angeregte Diskussionen. Die Referentinnen und Referenten widmeten sich in ihren Vorträgen aktuellen Brennpunkten des Medizin- und Arztstrafrechts. Auch in diesem Jahr wird ein Teil der Referate wieder in einem Tagungsband dokumentiert und damit der Fachöffentlichkeit zugänglich gemacht.

Den Auftakt macht Rechtsanwalt *Harald Wostry* mit seinem Beitrag „Update im Medizinstrafrecht – Entscheidungen und Tendenzen", in welchem er sich mit dem Pandemiestrafrecht, der Entwicklung der Vermögensdelikte sowie dem Behandlungsgeschehen am Lebensende befasst. Im ersten Themenkomplex referiert *Wostry* zunächst zu dem Problem, ob das Vorzeigen eines gefälschten Impfpasses in einer Apotheke zur Erlangung eines Covid-19-Impfzertifikats bereits vor der Änderung des Strafgesetzbuches zum 24.11.2021 als Urkundendelikt strafbar gewesen ist. Anlass waren Entscheidungen verschiedener Oberlandesgerichte zu der Frage, ob § 279 StGB a.F. eine Sperrwirkung gegenüber der Urkundenfälschung gemäß § 267 StGB a.F. entfaltet. In diesem Kontext kommt er auf eine aktuelle Entscheidung des 5. Strafsenats des BGH zu sprechen, der entschieden hat, dass § 277 StGB a.F. keine abschließende Sonderregelung mit Privilegierungswirkung ist. Als Nächstes spricht *Wostry* das Zweite Gesetz zur Änderung des Infektionsschutzgesetzes vor dem Hintergrund von pandemiebedingten Triage-Entscheidungen an. Er geht auf den vom Bundesverfassungsgericht im sog. Triage-Beschluss (BVerfGE 160, 79) festgestellten Schutzauftrag des Staates zum Schutze von Menschen mit Behinderung ein und stellt den Gang der Entwicklung dar. Im Themenfeld der Vermögensdelikte wendet er sich der Vermögensbetreuungspflicht vertragsärztlich Tätiger sowie der Rechtsprechung zur streng formalen Betrachtungsweise des Sozialversicherungsrechts zu und bespricht die Problematik der investorengeführten medizinischen Versorgungszentren bei einer Umgehung der Gründungsberechtigung des § 95 Abs. 1a SGB V. Im Bereich der Delikte gegen Leib und Leben thematisiert *Wostry* den als „versuchten Verdeckungsmord“ bezeichneten und vom BGH am 19.08.2020 entschiedenen Fall (BGH NJW 2021, 326). Bemerkenswert seien insbesondere die Ausführungen zum kognitiven Vorsatzelement bei Unterlassungsdelikten und zur Problematik eines rechtfertigenden Behandlungsabbruchs. Abschließend thematisiert er die Abgrenzung der Tötung auf Verlangen von der straflosen Beihilfe zum Suizid und geht auf den Aufsehen erregenden Beschluss des 6. Strafsenats des BGH im sog. „Insulin-Fall“ ein.

Im Anschluss diskutiert *Prof. Dr. Jens Bülte* die „Bedeutung des § 261 StGB im Medizinstrafrecht insbesondere im Zusammenspiel mit Abrechnungsbetrug und Bestechlichkeit im Gesundheitswesen“. Er stellt die Rechtsentwicklung dar und geht auf den All-Crimes-Ansatz des aktuell geltenden § 261 StGB ein. Dabei hebt er vor allem hervor, wie weit sich das Strafbarkeitsrisiko wegen Geldwäsche in den letzten Jahren ausgedehnt hat und macht auf eine Vermischung von Gefahrenabwehrrecht und Strafrecht im Rahmen der Geldwäschebekämpfung aufmerksam, insbesondere auch vor dem Hintergrund der Vermögensabschöpfung. Durch die Reform des § 261 StGB zum 18.3.2021 habe sich der Straftatbestand zu einem Instrument der Abschöpfung bei Alltagskriminalität gewandelt. Er stellt den Gegenstand der Geldwäsche sowie die Tathandlungen dar und macht deutlich, dass § 261 StGB in seiner aktuellen Form ein universelles Kontaktdelikt ist. Anschließend betrachtet *Bülte* die Bedeutung des Geldwäschetatbestands im Medizinstrafrecht, gerade auch vor dem Hintergrund der Reform des § 261 StGB. In diesem Zusammenhang geht er zudem auf das Zusammenspiel von Geldwäsche und dem Abrechnungsbetrug sowie der Bestechlichkeit im Gesundheitswesen ein.

Hierauf folgen zwei Beiträge zur Einwilligungsfähigkeit von Jugendlichen. *Prof. Dr. Andreas Spickhoff* befasst sich zunächst mit der „Einwilligungsfähigkeit von Jugendlichen im Medizinrecht“ aus juristischer Perspektive. Er stellt den verfassungsrechtlichen Hintergrund dar, geht auf Zusammenhänge zur Geschäftsfähigkeit und den Abschluss von Behandlungsverträgen ein, wobei er Unterschiede zwischen Privatpatienten und Kassenpatienten herausstellt, und wirft einen Blick auf andere Regelungszusammenhänge wie die Sozialmündigkeit. Anschließend beleuchtet er verschiedene Aspekte der Einwilligungsfähigkeit. Er bespricht die Elemente der Einwilligungsfähigkeit, gesetzliche Altersgrenzen und ihre Vermutungswirkung sowie die Problematik weiterer kategorialer Differenzierungen wie etwa zwischen Zustimmung und Ablehnung oder der Schwere des Eingriffs. *Spickhoff* stellt den Diskussionsstand im Bereich einwilligungsunfähiger sowie einwilligungsfähiger Minderjähriger dar, äußert Bedenken gegen die Zuerkennung bloßer Vetorechte und spricht sich im Ergebnis für eine Alleinentscheidungskompetenz des einwilligungsfähigen Minderjährigen aus. Schließlich wirbt er für eine rechtsgebietsübergreifende gesetzliche Regulierung der Einwilligungsfähigkeit, um die teils unterschiedlichen Maßstäbe im Zivil- und im Strafrecht zu vereinheitlichen und zieht auch die Regelungen im europäischen Ausland zur Rechtsvergleichung heran.

Sodann widmet sich Psychotherapeutin *Dipl.-Psych. Sabine Maur* der psychologischen Sichtweise und beleuchtet „Praktische Aspekte der Einwilligungsfähigkeit bei Kindern und Jugendlichen". Nach einer Darstellung der einschlägigen berufsrechtlichen Regelungen nennt sie Konstellationen, die in der Psychotherapie mit Minderjährigen eine positive Bestimmung der Einsichtsfähigkeit erfordern können. In diesem Zusammenhang macht sie auf alters- und entwicklungspsychologische Aspekte, insbesondere auf mögliche Beeinflussungen durch etwa Bezugspersonen oder auch die Sozialen Medien aufmerksam. Sie macht deutlich, dass es sich bei der Feststellung der Einsichtsfähigkeit um eine Zuschreibung handelt, die auch durch eigene Werte und Normen beeinflusst wird und stellt die Bedeutung einer hinreichenden Aufklärung im Zusammenhang mit der Einsichtsfähigkeit dar. *Maur* beleuchtet anschließend insbesondere die praktische Seite der Ermittlung der Einwilligungsfähigkeit im Rahmen der Psychotherapie und stellt Verfahrensweisen vor, wie in der psychotherapeutischen Praxis mithilfe von Schemata, Aufklärungsbögen und Fragenkatalogen die Einwilligungsfähigkeit von Jugendlichen festgestellt werden kann.

Mit der „Strafbarkeit des Verkaufs des Patientenstamms bei Praxisaufgabe nach §§ 299a, 299b StGB unter Berücksichtigung des Urteils BGH VIII ZR 362/19" befasst sich abschließend Rechtsanwalt *Dr. Rudolf Ratzel*. Er stellt den Sachverhalt der Entscheidung und den Verfahrensgang vor. Gegenstand ist ein wegen Verstoßes gegen das Verbot der entgeltlichen Zuweisung von Patienten gemäß § 8 Abs. 5 der Berufsordnung für die Bayerischen Zahnärzte i.V.m. § 134 BGB nichtiger Praxiskaufvertrag. *Ratzel* thematisiert die Probleme hinsichtlich der Weitergabe von Patientendaten im Rahmen der Praxisnachfolgen; er nimmt die aktuellen Regelungen der DSGVO sowie die Münchener Empfehlungen zur Wahrung der ärztlichen Schweigepflicht bei Veräußerung einer Arztpraxis in den Blick und gibt wertvolle Hinweise für die anwaltliche Beratungspraxis, insbesondere im Hinblick auf erlaubte Gestaltungsoptionen und Fördermaßnahmen. Er weist darauf hin, dass die Verknüpfung von Zuführung und Zuweisung mit werblichen Maßnahmen künftig noch sorgfältiger geprüft werden müsse als dies bislang mitunter Praxis gewesen ist.

Mit der Publikation dieser Beiträge hoffen die Veranstalter, den Austausch zwischen Wissenschaft und Praxis über Gegenwartsfragen des Medizinstrafrechts weiter zu fördern.

Düsseldorf, den 7. Juni 2023

Prof. Dr. Helmut Frister *Prof. Dr. Martin Stellpflug*

Inhaltsverzeichnis

Update im Medizinstrafrecht – Entscheidungen und Tendenzen

Rechtsanwalt Harald Wostry[*]

Gerne führe ich die mittlerweile gefestigte Tradition des Einführungsvortrages im Medizinstrafrecht mit seinen aktuellen Tendenzen und Entscheidungen bei dieser Veranstaltung fort. Hierbei ist es erforderlich, aus der Fülle des angefallenen Stoffes eine Auswahl zu treffen, die naturgemäß nur subjektiv sein kann. Ich habe mich für drei Themenbereiche entschieden: Ich werde kurz Aspekte aus dem Pandemiestrafrecht streifen, danach mir relevant erscheinende Entwicklungen im Bereich der Vermögensdelikte im Gesundheitswirtschaftsstrafrecht darstellen, um abschließend zu den Delikten gegen Leib und Leben im Zusammenhang mit dem Behandlungsgeschehen am Lebensende überzuleiten. Gerade der letzte Bereich hat in dem vergangenen Jahr eine rasante Entwicklung genommen.

I. Pandemiestrafrecht

In diesem Bereich beschäftigen zwei Punkte einerseits die Justiz andererseits die Gesetzgebung und Gesellschaft. Der erste Punkt ist die umstrittene Frage, ob das Vorzeigen eines gefälschten Impfpasses in einer Apotheke zur Erlangung eines digitalen COVID-19-Impfzertifikats bereits vor einer Änderung des Strafgesetzbuches zum 24.11.2021 als Urkundendelikt strafbar gewesen ist. Zu dieser Rechtsfrage gibt es unterschiedliche Entscheidungen verschiedener Oberlandesgerichte.[1]

Es geht um die Frage, ob § 279 StGB in der bis 23.11.2021 geltenden Fassung für den Fall des Umgangs mit gefälschten oder unrichtigen Gesundheitszeugnissen eine Sperrwirkung gegenüber der Urkundenfälschung

---

* *Harald Wostry*, Rechtsanwalt, Fachanwalt für Medizinrecht und für Strafrecht, Ratajczak & Partner mbB, Essen. Die für das Referat gewählte Vortragsform wurde in diesem Beitrag beibehalten.

1 Vgl. (eine Strafbarkeit verneinend) BayObLG medstra 2022, 338; OLG Bamberg NJW 2022, 556; (eine Strafbarkeit bejahend) OLG Hamburg, Beschl. v. 27.1.2022 – 1 Ws 114/21 –, juris; OLG Stuttgart StV 2022, 397; OLG Schleswig NStZ 2022, 689; OLG Celle medstra 2022, 334.

gemäß § 267 StGB in Form einer Privilegierung entfaltet.[2] Dahinter steckt Folgendes: Ist die Vorlage eines nachgemachten Impfpasses in einer Apotheke nicht gemäß § 279 StGB a.F. strafbar, müsste eine solche Sperrwirkung also dazu führen, dass dieses Verhalten auch nicht als Gebrauch einer unrichtigen Urkunde gemäß § 267 StGB bestraft werden könnte.

Mit Beschluss vom 26.07.2022 hatte das OLG Karlsruhe[3] in einem Revisionsverfahren gemäß § 121 Abs. 2 GVG die Sache dem BGH vorgelegt, damit die maßgebliche Rechtsfrage geklärt werden konnte.

Parallel dazu war ein Revisionsverfahren bei dem 5. Strafsenat[4] des Bundesgerichtshofs anhängig. Hintergrund ist ein Urteil des Landgerichts Hamburg[5] vom 1. März 2022. Dort war der Angeklagte unter anderem wegen Handeltreibens mit Betäubungsmitteln in nicht geringer Menge zu einer Freiheitsstrafe verurteilt worden. Von dem gleichzeitig angeklagten Vorwurf der Urkundenfälschung in 9 Fällen hatte ihn das Landgericht Hamburg freigesprochen. Der Angeklagte hatte nach den Feststellungen des LG Hamburg unrichtige Impfbescheinigungen ausgestellt, um sich hieraus eine nicht nur vorübergehende Einnahmequelle von einigem Umfang zu verschaffen.[6] Gegen Bezahlung trug er angeblich erfolgte Erst- und Zweitimpfungen gegen das Sars-CoV-2-Virus nebst Impfstoffbezeichnung und Chargennummer in von ihm neu erstellte oder bestehende Impfpässe ein. Die Eintragungen versah er mit dem vorgeblichen Stempel eines Impfzentrums sowie der nachgeahmten oder erfundenen Unterschrift des angeblichen Impfarztes. Angesichts der damals gültigen Zugangsbeschränkungen für Ungeimpfte aufgrund der Covid-19-Pandemie war dem Angeklagten bewusst, dass seine Abnehmer die Bescheinigungen gegenüber Dritten, etwa Apotheken zur Erstellung eines digitalen Impfzertifikats oder in der Gastronomie zum Nachweis über angebliche Schutzimpfungen ihrer Person, vorlegen würden. Hierzu hatte das Landgericht die Auffassung vertreten, dass der Angeklagte keine Strafnorm verletzt habe.[7] Eine Strafbarkeit wegen Fälschung von Gesundheitszeugnissen gemäß § 277 StGB a.F. scheitere daran, dass die Vorschrift eine Verwendung der Falsifikate bei einer Behörde oder einer Versicherung voraussetze, was bei der gegebenen Vorlage in der

2 S. dazu auch *Lichtenthäler* NStZ 2022, 138 ff.

3 OLG Karlsruhe, medstra 2023, 56.

4 BGH, Urt. v. 10.11.2022 – 5 StR 283/22; Kurzbericht dazu in medstra 2023, R5.

5 LG Hamburg, Urt. v. 1.3.2022 – 634 KLs 8/21, juris.

6 Zu den Feststellungen vgl. LG Hamburg, Urt. v. 1.3.2022 – 634 KLs 8/21, Rn. 82 ff., juris.

7 Vgl. dazu LG Hamburg, Urt. v. 1.3.2022 – 634 KLs 8/21, Rn. 134 ff., juris.

Gastronomie oder in Apotheken nicht gegeben sei. Das Landgericht vertrat die – schon angesprochene – Auffassung, dass eine Verurteilung wegen Urkundenfälschung gemäß § 267 StGB nicht möglich sei, weil der Gesetzgeber mit § 277 StGB a.F. eine abschließende Sonderregelung geschaffen habe.

Über die Revision hat der 5. Strafsenat des Bundesgerichtshofs am 10. November 2022 verhandelt. Erwartungsgemäß hat der 5. Strafsenat die Freisprüche vom Vorwurf der Urkundenfälschung aufgehoben und entschieden, dass der Rechtsauffassung, wonach § 277 StGB a.F. keine abschließende Sonderregelung darstellt und ein Rückgriff auf das Allgemeine Urkundenstrafrecht möglich ist, zu folgen sei.[8] Die zur Tagung vorliegende und hier mit Fußnoten ergänzte Pressemeldung lautet auszugsweise:

„Entgegen der Auffassung von Teilen der obergerichtlichen Rechtsprechung,[9] denen das Landgericht gefolgt ist,[10] handelt es sich bei § 277 StGB a.F. nicht um eine spezielle Vorschrift, die den Täter der Fälschung von Gesundheitszeugnissen im Verhältnis zu dem einer Urkundenfälschung privilegieren soll. Weder dem Zweck noch dem systematischen Zusammenhang der miteinander konkurrierenden Bestimmungen oder dem Willen des Gesetzgebers lassen sich Anhaltspunkte für eine solche Privilegierung entnehmen. Erst recht entfaltet § 277 StGB a.F. keine „Sperrwirkung" gegenüber der Urkundenfälschung (§ 267 StGB), wenn der Tatbestand der Fälschung von Gesundheitszeugnissen – so wie hier – nicht (vollständig) erfüllt ist."[11]

Da dem *5. Strafsenat* des BGH nach der Geschäftsverteilung die Entscheidungen in Vorlagesachen gemäß § 121 Abs. 2 Nr. 2 und 3 GVG zugewiesen sind, dürfte sich die Vorlage des OLG Karlsruhe[12] damit erledigt haben.

Der zweite Punkt, den ich in diesem Zusammenhang ansprechen möchte, ist das Gesetzgebungsverfahren für ein Zweites Gesetz zur Änderung des Infektionsschutzgesetzes,[13] welches sich mit der ärztlichen Entscheidung über die Zuteilung aufgrund einer übertragbaren Krankheit nicht

8 BGH, Urt. v. 10.11.2022 – 5 StR 283/22; vgl. dazu auch die Mitteilung der Pressestelle des BGH Nr. 161/2022.

9 Vgl. Fn. 1.

10 LG Hamburg, Urt. v. 1.3.2022 – 634 KLs 8/21, Rn. 151 ff., juris.

11 Mitteilung der Pressestelle des BGH Nr. 161/2022.

12 S. oben Fn. 3.

13 Zweites Gesetz zur Änderung des Infektionsschutzgesetzes v. 8.12.2022, BGBl. I, S. 2235.

ausreichend vorhandener überlebenswichtiger intensivmedizinischer Kapazitäten, den sogenannten Triage-Entscheidungen befasst.

Ausgangspunkt für die Notwendigkeit einer gesetzlichen Regelung ist der Beschluss des 1. Senats beim Bundesverfassungsgericht vom 16. Dezember 2021.[14] Hier ging es um mögliche Benachteiligungsrisiken von Menschen mit Behinderungen im Falle einer pandemiebedingten Triage. Das Bundesverfassungsgericht war der Auffassung, dass aufgrund der veröffentlichten Stellungnahmen zum Umgang mit der Zuteilung knapper, überlebenswichtiger intensivmedizinischer Ressourcen, das Risiko der Benachteiligung wegen einer Behinderung besteht. Maßgeblich festgemacht wurde dieses Risiko an dem Kriterium der klinischen Erfolgsaussicht bei Priorisierungsentscheidungen.[15] Das Bundesverfassungsgericht sah hier einen Schutzauftrag des Staates zum Schutze von Menschen mit einer Behinderung. Daher erhielt der Gesetzgeber den Auftrag, unverzüglich geeignete Vorkehrungen zu treffen.[16]

Der hierzu von der Regierung vorgelegte Kabinettsentwurf macht zum einen deutlich, dass Zuteilungsentscheidungen nur unter Berücksichtigung der aktuellen und kurzfristigen Überlebenswahrscheinlichkeit der Patienten vorgenommen werden dürfen und verbietet ausdrücklich die sogenannte „Ex-Post-Triage“.[17] Gegen den Ausschluss der sogenannten Ex-Post-Triage sind erhebliche Bedenken insbesondere aus den Reihen der im Bereich der Intensivmedizin Tätigen vorgebracht worden.[18] Hier wird befürchtet, dass im Falle der Notwendigkeit von Triage-Entscheidungen es zu mehr vermeidbaren Todesfällen kommen wird, falls eine nachträgliche Triage-Entscheidung ausgeschlossen wird. In diesem Fall sei es denkbar, dass ein Patient, der zuerst behandelt worden sei und dessen aktuelle und kurzfristige Überlebenswahrscheinlichkeit sich verschlechtert habe, weiterbehandelt werden müsse, während ein später eintreffender Patient, dessen aktuelle und kurzfristige Überlebenswahrscheinlichkeit größer sei, im Falle der Mangelsituation nicht behandelt werden könnte. Die insoweit vom Bundesrat[19] geforderte Aufnahme einer Regelung zur sogenannten Ex-Post-Triage in den Gesetzesentwurf zur Änderung des Infektionsschutzgesetzes

14 BVerfG NJW 2022, 380.

15 BVerfG NJW 2022, 380 (386 f.).

16 BVerfG NJW 2022, 380 (388).

17 Gesetzentwurf der Bundesregierung eines Zweiten Gesetzes zur Änderung des Infektionsschutzgesetzes, BT-Drs. 20/3877, S. 20 und 23.

18 Vgl. bspw. Deutsches Ärzteblatt 46/119 vom 18.11.22, Seite 1994.

19 Anlage 3 zu BT-Drs. 20/3877, dort S. 30 f.

hat die Bundesregierung[20] allerdings abgelehnt und noch einmal deutlich gemacht, dass in der Begründung des Gesetzesentwurfs klargestellt werde, dass bereits zugeteilte überlebenswichtige intensivmedizinische Behandlungskapazitäten nicht mehr zur Disposition stünden, so lange eine intensivmedizinische Behandlung noch indiziert sei und dem Patientenwillen entspreche. Am 9. November 2022 hat der Gesundheitsausschuss[21] noch einmal über Änderungsanträge beraten und den Entwurf der Bundesregierung mit kleinen Änderungsanträgen gebilligt. So sind Krankenhäuser zur Meldung von Zuteilungsentscheidungen verpflichtet.[22] Weiterhin wurde konkretisiert, wann eine von dem neuen § 5c IfSG erfasste Triage-Situation besteht. Unter anderem muss vor einer Zuteilungsentscheidung geprüft werden, ob eine anderweitige intensivmedizinische Behandlung, eventuell durch Verlegung, möglich ist.[23] Mit der Mehrheit der Ampel-Koalition wurde der Gesetzentwurf der Bundesregierung mit den vorgeschlagenen Änderungen des Gesundheitsausschusses verabschiedet.[24]

II. Vermögensdelikte

Bevor ich mich dem Themenfeld Gesundheit und Leben erneut unter dem Gesichtspunkt des Lebensendes zuwende, möchte ich aktuelle Entwicklung aus dem Bereich der Vermögensdelikte behandeln. Betrachtet man die höchstrichterliche Rechtsprechung zur Vermögensbetreuungspflicht von vertragsärztlich Tätigen, so dürften früher dagegen erhobene Einwände obsolet geworden sein. Seit dem Beschluss[25] des 4. Strafsenats des Bundesgerichtshofs vom 16. August 2016 wird in nachfolgenden Entscheidungen[26] stets davon ausgegangen, dass grundsätzlich eine entsprechende Vermögensbetreuungspflicht zu Gunsten der gesetzlichen Krankenkassen besteht. Ebenfalls kann man von einer konsolidierten Rechtsprechung zur Abgren-

---

20 Gegenäußerung der Bundesregierung zu der Stellungnahme des Bundesrates, BT-Drs. 20/3953, S. 1 f.

21 Beschlussempfehlung und Bericht des Gesundheitsausschusses v. 9.11.2022, BT-Drs. 20/4359.

22 Vgl. Beschlussempfehlung und Bericht des Gesundheitsausschusses v. 9.11.2022, BT-Drs. 20/4359, S. 15.

23 Vgl. Beschlussempfehlung und Bericht des Gesundheitsausschusses v. 9.11.2022, BT-Drs. 20/4359, S. 14 f.

24 Vgl. die Unterrichtung über den Gesetzesbeschluss in BR-Drucksache 577/22.

25 BGH medstra 2017, 38.

26 Vgl. bspw. BGH medstra 2018, 160 (166).

zung von Untreue und Betrug ausgehen. Ein entscheidendes Abgrenzungskriterium zwischen Untreue und Betrug im Bereich der vertragsärztlichen Versorgung ist mittlerweile darin zu sehen, ob es allein in der Hand der verordnenden Person liegt, dass es zu einer Leistungserbringung auf Kosten der Kassen kommt – dann Untreue –, oder ob vor Leistungsbeginn zusätzlich eine Bewilligungsentscheidung der zuständigen gesetzlichen Krankenkasse erforderlich ist – dann Betrug –. Zuletzt herausgearbeitet hat dies der 4. Strafsenat des BGH in seinem Beschluss[27] vom 11. Mai 2021 zur Verordnung von häuslicher Krankenpflege gemäß § 37 Abs. 2 SGB V. Hier war der verordnende Arzt Ehemann der Inhaberin der Einrichtung, die nach den Feststellungen die häusliche Krankenpflege ohne tatsächliche Leistungserbringung gegenüber den Krankenkassen abrechnete. Erstinstanzlich war der Arzt durch das Landgericht Bochum[28] wegen Untreue in 16 Fällen zu einer Gesamtfreiheitsstrafe von einem Jahr verurteilt worden, deren Vollstreckung zur Bewährung ausgesetzt wurde. Auf seine Revision hin änderte der 4. Strafsenat das Urteil des Landgerichts Bochum im Schuldspruch dahingehend ab, dass der Arzt der Beihilfe zum Betrug in 16 Fällen schuldig sei und hob den Strafausspruch mit den zugehörigen Feststellungen auf. Unter Anführung der Rechtsprechung seit 2016 betont der Bundesgerichtshof, dass es von besonderer Bedeutung sei, welche Kontrollmöglichkeiten dem Treugeber verbleiben, insbesondere inwieweit den Entscheidungen des Täters eine bindende Wirkung zukomme und in welchem Ausmaß es ihm möglich sei, ohne eine gleichzeitige Steuerung und Überwachung durch den Treugeber auf dessen Vermögen zuzugreifen.[29] Da im Falle der Verordnung von häuslicher Krankenpflege vor Leistungserbringung zusätzlich eine Bewilligungsentscheidung der gesetzlichen Krankenkasse einzuholen sei, verneinte der Bundesgerichtshof konsequenterweise eine Vermögensbetreuungspflicht und wertete das Handeln des Arztes als Beihilfe zum Betrug seiner Ehefrau.[30]

Insoweit unterscheidet sich die Verordnung von häuslicher Krankenpflege gemäß § 37 Abs. 2 SGB V von der ärztlichen Verordnung von Arznei- oder Heilmitteln und ärztlichem Sprechstundenbedarf,[31] da in diesen Fällen keine Genehmigungsentscheidung der Krankenkasse nachfolgt. In all die-

27 BGH medstra 2022, 47; Besprechung der Entscheidung bspw. von *Steenbreker* medstra 2022, 233 ff.

28 LG Bochum, Urt. v. 3.3.2020 – 13 KLs 8/18, juris.

29 BGH medstra 2022, 47 f.

30 BGH medstra 2022, 47 (48).

31 BGH medstra 2017, 38 (40); medstra 2018, 160 (166).

sen Fällen wird man deshalb in Zukunft vermehrt sozialgesetzliche, aber auch vertragsrechtliche Regelungen bei der Annahme einer Untreue- bzw. Betrugsstraftat berücksichtigen müssen.

Ebenfalls gefestigt und höchstrichterlich durch das Urteil[32] des 5. Strafsenats vom 19. August 2020 in dem sogenannten „MVZ-Strohmannfall" – das auch verfassungsrechtlich durch den Nichtannahmebeschluss[33] vom 5. Mai 2021 des Bundesverfassungsgerichts bestätigt wurde – geklärt, ist die von dem Bundessozialgericht entwickelte Rechtsprechung, die in der strafgerichtlichen Rechtsprechung als „streng formale Betrachtungsweise des Sozialversicherungsrechts"[34] bezeichnet wird. Danach führt ein Verstoß gegen leistungserbringungsrechtliche Vorgaben – mit Ausnahme von bloßen Ordnungsverstößen – grundsätzlich zu einem Wegfall des Vergütungsanspruchs, so dass die entsprechende Abrechnung zu einem strafrechtlichen Schaden mangels Leistungspflicht der gesetzlichen Krankenkassen führt und strafrechtlich je nach Fallgestaltung als Untreue oder Betrug zu werten ist. Aufkeimende Hoffnung, dass in diese festgezurrte Rechtsprechung Bewegung kommen könnte, entstand durch ein Urteil[35] des Bundessozialgerichts vom 12. August 2021. In diesem Fall ging es um eine Versorgung mit Hörgeräten, die von der Krankenkasse genehmigungsfrei gestellt sind. Aufgrund vertraglicher Regelungen hat der Hörgeräteakustiker/die Hörgeräteakustikerin die geplante Versorgung vorher anzuzeigen, ohne dass diese Anzeige jedoch eine vertragliche Abrechnungsvoraussetzung ist.[36] Die Krankenkasse, die gegenüber der Abrechnung geltend gemacht hatte, dass hier gegen diese vertragliche Verpflichtung zur Anzeige verstoßen worden sei, verweigerte die Zahlung. Das Bundesozialgericht bestätigte den Vergütungsanspruch unter Hinweis darauf, dass nach der vertraglichen Regelung zwischen dem Verband der Hörgeräteakustiker und den Krankenkassen die Anzeigepflicht nicht Voraussetzung für den Vergütungsanspruch sei. Hieraus nun den Schluss zu ziehen, dass neben bloßen Ordnungsverstößen auch vertragswidriges Verhalten nicht zur Anwendung der streng formalen

---

32 BGHSt 65, 110 = BGH medstra 2021, 33; Besprechung bspw. von *T. Wostry* medstra 2021, 102 ff.

33 BVerfG medstra 2021, 376.

34 BGH medstra 2021, 33.

35 BSG medstra 2022, 393.

36 BSG medstra 2022, 393 (395).

Betrachtungsweise im Sozialrecht führen muss, erscheint fraglich.[37] Dies insbesondere auch vor dem Hintergrund, dass das BSG in diesem Urteil ausdrücklich die streng formale Betrachtungsweise im Sozialrecht noch einmal hervorgehoben und ausgeführt hat, dass die mit dem Recht der gesetzlichen Krankenversicherung befassten Senate des BSG ein allgemeines Prinzip darin sähen, dass Leistungserbringer auch bereicherungsrechtlich die Abgeltung von Leistungen, die unter Verstoß gegen Vorschriften erbrachten worden sind, die bestimmte formale oder inhaltliche Voraussetzungen aufstellen, selbst dann nicht beanspruchen könnten, wenn die Leistungen im Übrigen ordnungsgemäß erbracht worden seien.[38]

Aus dem Bereich der Vermögensdelikte möchte ich dann nur kurz eine Anmerkung und gegebenenfalls Diskussionsanregung zu der Problematik um investorengeführte medizinische Versorgungszentren, sogenannte IMVZ, machen. In dem bereits angeführten Urteil des Landgerichts Hamburg[39] vom 11. März 2019 (Strohmann-Fall) findet sich eine Passage, die als *obiter dictum* anführt, dass aufgrund des Umstandes, dass dort ein „echter Strohmann" bewiesen werden konnte, die *Kammer* nicht entscheiden musste, ob – wofür einiges aus Sicht der Kammer spreche – „... gegebenenfalls auch schon jede Konstruktion, die den Einfluss einer nicht gründungsfähigen Person herbeiführt, eine Umgehung der Vorgaben des § 95 Abs. 1a SGB V"[40] (also der Gründungsberechtigung) darstelle.

In einem neuen *obiter dictum* des Sozialgerichts Dresden[41] in einem Beschluss vom 09.05.2022 wird sehr ausführlich begründet, dass eine MVZ-Gründungsberechtigung bei Beherrschung einer Krankenhausträgergesellschaft durch Finanzinvestoren und fehlendem sachlichen und räumlichen Bezug des Versorgungsauftrags des Krankenhauses zum Versorgungsauftrag des MVZs zweifelhaft sei. Möglicherweise dürfe daher einem so konstruierten MVZ durch den Zulassungsausschuss überhaupt kein Versorgungsauftrag übertragen werden. Für das SG Dresden liegt eine entsprechende Versagung des angestrebten Versorgungsauftrages „wenigstens nahe", da nach Auffassung des SG Dresden im zu entscheidenden Fall eine Konstellation vorgelegen habe, die im Wesentlichen derjenigen gleiche, die der

37 Ebenso *Wiegand* medstra 2022, 343 (349), die in diesem Zusammenhang die Frage stellt, unter welchen Bedingungen künftig Ausnahmen vom Anspruchsentfall anzunehmen seien.
38 BSG medstra 2022, 393 (396).
39 LG Hamburg medstra 2019, 377.
40 LG Hamburg medstra 2019, 377 (381).
41 SG Dresden GesR 2022, 595.

Gesetzgeber des GKV-Versorgungsstrukturgesetzes missbilligt und mit der Einfügung des § 95 Abs. 1a SGB V zu überwinden versucht habe.[42]

Bei der Bewerbung um einen Versorgungsauftrag bzw. bei der Anzeige eines Gesellschafterwechsels wird man daher sorgfältig zu prüfen haben, welche Informations- und Offenbarungspflichten gegenüber dem Zulassungsausschuss bestehen, um sich nicht dem Vorwurf der Täuschung des Zulassungsausschusses auszusetzen. Aber selbst wenn der Zulassungsausschuss in Kenntnis der Umstände den Versorgungsauftrag erteilt, wird nach der dargestellten Rechtsprechung des Bundesgerichtshofs, die durch das Bundesverfassungsgericht in dem angeführten Nichtannahmebeschluss bestätigt und verfeinert wurde, in dem Fall, in dem später die Gründungsberechtigung für nicht gegeben erachtet wird, ein strafrechtliches Risiko bestehen. Insoweit hat insbesondere das Bundesverfassungsgericht zwischen der Gründungsberechtigung an sich und der nachfolgenden Abrechnung bei eigener Kenntnis der fehlenden Gründungsberechtigung differenziert und eine Bindungswirkung durch die Entscheidung des Zulassungsausschusses nicht akzeptiert, weshalb folgerichtig das Bundesverfassungsgericht in seinem Nichtannahmebeschluss auch nicht geprüft hatte, inwieweit § 95 Abs. 1a S. 1 SGB V verfassungswidrig ist, da der strafrechtliche Vorwurf nicht in dem Betrieb eines Medizinischen Versorgungszentrums, sondern in der Beteiligung an der Täuschung der Mitarbeiter der KV sowie der Krankenkasse gelegen habe.[43]

III. Delikte gegen Leib und Leben

Zum Abschluss möchte ich mich zwei aktuellen Entscheidungen aus dem Bereich der Delikte gegen Leib und Leben zuwenden. Zum einen handelt es sich um den Fall, der als sogenannter „versuchter Verdeckungsmord" bezeichnet wird und durch Urteil des Bundesgerichtshofs[44] vom 19. August 2020 entschieden und nach Zurückverweisung an das Landgericht Landshut in diesem Jahr abgeschlossen wurde. Die zweite Entscheidung ist der Aufsehen erregende Beschluss des 6. Strafsenats[45] vom 28.06.2022 im sogenannten „Insulin-Fall".

42 SG Dresden GesR 2022, 595 (600).
43 BVerfG medstra 2021, 376 (377).
44 BGH NJW 2021, 326.
45 BGH NJW 2022, 3021.

In dem ersten Fall, den das Landgericht Landshut zunächst zu verhandeln hatte, ging es um Personen, die im Bereich der Altenpflege tätig waren. Den Feststellungen zufolge war ein schwerstkranker und schwerstpflegebedürftiger Palliativpatient nach einer Medikamentenverwechslung verstorben. Der Vorwurf gegen die Mitarbeiter richtete sich darauf, dass die Verwechslung der Medikamente bemerkt worden, aber zur Vermeidung eigener Nachteile verschwiegen und deshalb zunächst ärztliche Hilfe nicht in Anspruch genommen worden sei. Im Nachhinein konnte die Todesursache nicht geklärt werden. Allerdings sei es naheliegend, dass die fehlerhaft verabreichenden Medikamente maßgeblichen Einfluss auf den Todeseintritt gehabt hätten, wobei aber eine Kausalität nicht nachgewiesen werden konnte.[46]

Das Landgericht hatte die Wohnbereichsleiterin wegen versuchten Mordes durch Unterlassen zu einer vollstreckbaren Freiheitsstrafe verurteilt. Eine Pflegerin in Probezeit und ein weiterer involvierter Pfleger wurden zu Freiheitsstrafen mit Strafaussetzung zur Bewährung verurteilt. Nur die Wohnbereichsleiterin legte gegen die Entscheidung Revision ein, mit der sich der 1. Strafsenat des Bundesgerichtshofs befasste. Der *1. Strafsenat* des BGH sah in der Entscheidung des Landgerichts Landshut mehrere Begründungs- bzw. Erörterungsmängel und hob die Entscheidung nicht nur bezüglich der Wohnbereichsleiterin, sondern auch in Bezug auf die ehemals Angeklagten, die keine Revision eingelegt hatten, auf.[47] Bei der Neuverhandlung des Falles am 5. November 2021 erhielten sämtliche Angeklagten im Rahmen einer Verständigung Bewährungsstrafen zwischen sechs und zwei Monaten wegen unterlassener Hilfeleistung.[48]

Interessant ist die Entscheidung aus mehreren Gründen. Zum einen befasst sich der *1. Strafsenat* erstmals nach der Entscheidung des *5. Strafsenats*[49] im sogenannten Göttinger Organallokationsskandal mit der Vorsatzdogmatik bei Unterlassungsdelikten. Konkret ging es um die Anforderungen an das kognitive Vorsatzelement, wobei der *1. Strafsenat* sich von der Rechtsprechung des *5. Strafsenats* zu dieser Frage distanzierte und nur deshalb auf eine Anfrage bzw. Vorlage nach § 132 GVG verzichten konnte,

---

46 Vgl. zum Sachverhalt BGH NJW 2021, 326 f.

47 BGH NJW 2021, 326 (329).

48 Vgl. Süddeutsche Zeitung v. 5.11.2021 (dpa:211105-99-881800/3); s. auch die Besprechung von *Steinbacher* Healthcare & Hospital Law 2022, 17 ff.

49 BGHSt 62, 223 = BGH NJW 2017, 3249.

weil bereits eine lückenhafte Beweiswürdigung bezüglich des voluntativen Vorsatzelements festgestellt wurde.[50]

Den kritischen Ausführungen des *1. Strafsenats* hat sich übrigens der *4. Strafsenat*[51] in einem Revisionsverfahren angeschlossen und, da es auf diese Rechtsfrage ankommt, bei dem 5. Strafsenat angefragt, ob er an seiner Rechtsauffassung festhalte. Hierzu verdeutlicht der *4. Strafsenat* noch einmal, dass bei einem durch Unterlassen verwirklichten versuchten Tötungsdelikt der Tatentschluss in Bezug auf die hypothetische Kausalität in kognitiver Hinsicht lediglich voraussetzt, dass der Täter den Eintritt eines Rettungserfolgs nur für möglich hält und nicht mit einer an Sicherheit grenzenden Wahrscheinlichkeit.[52]

Die weitere Besonderheit der Entscheidung des *1. Strafsenats* im sog. „Verdeckungsmord-Fall" liegt darin, dass der *Senat* Ausführungen zu der Problematik eines rechtfertigenden Behandlungsabbruchs macht, wie sie der Bundesgerichtshof in dem „Fuldaer-Fall" (BGHSt 55, 191) grundsätzlich entwickelte hatte. Zu diesem Punkt macht der *1. Senat* deutlich, dass nach seiner Auffassung eine Pflegekraft eine Entscheidung, dass keine weitere Behandlung stattfinde, nur in Absprache mit einem Arzt, der allein die medizinische Indikation von möglichen Behandlungsmaßnahmen zu bestimmen habe, hätte treffen dürfen.[53] Hieraus könnte geschlussfolgert werden, dass – anders als in der Fuldaer-Entscheidung (BGHSt 55, 191) – nichtärztliche Personen, auch wenn sie als hinzugezogene Hilfspersonen tätig werden, bei einem Behandlungsabbruch nicht gerechtfertigt sein könnten. Hier bleibt die weitere Entwicklung abzuwarten, ob durch die Rechtsprechung die Zuständigkeit für einen Behandlungsabbruch auf ärztliches Personal beschränkt wird.

Abschließen möchte ich meine Ausführungen mit dem zweiten bereits erwähnten Fall, dem sogenannten Insulin-Fall[54]. Zum Sachverhalt ist anzuführen, dass nach den Feststellungen ein schwerkranker und todeswilliger Mann eigenständig tödliche Medikamente einnimmt. Da er sich der tödlichen Wirkung der Medikamente nicht sicher ist, bittet er zusätzlich seine Frau, ihm eine tödliche Dosis Insulin zu spritzen. Das macht die Frau und der Mann stirbt an Unterzuckerung, also an Insulin und nicht an

50 BGH NJW 2021, 326 (328).
51 BGH NStZ 2023, 153.
52 BGH NStZ 2023, 153; vgl. dazu auch *H. Wostry* medstra 2023, 110.
53 BGH NJW 2021, 326 (329 f.).
54 BGH NJW 2022, 3021.

den eingenommenen Medikamenten, die erst zu einem späteren Zeitpunkt zum Tode geführt hätten.[55] Der *6. Senat* des BGH vertritt bekanntlich den Standpunkt, dass bei der Abgrenzung einer strafbaren Tötung auf Verlangen von der straflosen Beihilfe zum Suizid eine normative Betrachtung erforderlich sei.[56] Auf dieser Grundlage kommt der *6. Strafsenat* zu dem Ergebnis, dass nicht das Spritzen des Insulins eine Tatherrschaft der Ehefrau begründe, sondern diese aufgrund der fortbestehenden Abbruchmöglichkeit weiterhin bei dem todeswilligen schwerkranken Ehemann bestanden habe.[57] Da der Ehemann den Sterbewillen ohne Wissens- und Verantwortungsdefizit gefasst und erklärt habe, werde auch die von der bisherigen Rechtsprechung angenommene einsetzende Garantenpflicht für das Leben des Ehegatten suspendiert.[58]

Der *6. Strafsenat* deutet außerdem an, dass im Lichte des Urteils[59] des BVerfG vom 26.02.2020, mit der darin anerkannten Grundrechtsdimension des „selbstbestimmten Sterbens", auch die Eingrenzung des Verbotsbereichs („Tötung auf Verlangen") im Verhältnis zur straffreien Suizidbeihilfe „naheliegend" sei.[60]

Die Entscheidung wurde mittlerweile von verschiedenen Seiten aus zwar als Gerechtigkeitsentscheidung angesehen, aber ebenfalls kritisiert[61] und wird sicherlich weiterhin diskutiert werden müssen.

---

55 Vgl. zu den Feststellungen BGH NJW 2022, 3021 f.

56 BGH NJW 2022, 3021 (3022).

57 BGH NJW 2022, 3021 (3022).

58 BGH NJW 2022, 3021 (3023).

59 BVerfGE 153, 182 = BVerfG NJW 2020, 905.

60 BGH NJW 2022, 3021 (3023).

61 Vgl. zur Diskussion *Frister* medstra 2022, 390 ff.; *Gierok/Dittrich* GUP 2022, 190 ff.; *Hoven/Kudlich* NStZ 2022, 667 ff.

Die Bedeutung des § 261 StGB im Medizinstrafrecht insbesondere im Zusammenspiel mit Abrechnungsbetrug und Bestechlichkeit im Gesundheitswesen

Prof. Dr. Jens Bülte

I. Das neue Geldwäschestrafrecht

Am 30.5.2022 berichtete der SWR über einen Strafprozess vor dem Amtsgericht Freiburg, Jugendschöffengericht, der den Vorwurf des Betrugs zum Nachteil der Kassenärztlichen Vereinigung (KV) zum Gegenstand hatte.[1] Der Angeklagte hatte im August 2021 ein Corona-Testzentrum in Freiburg registriert und für Leistungen zwischen März und Juni 2021 rückwirkend 5,7 Millionen € gegenüber der KV abgerechnet. Ermittlungen der Staatsanwaltschaft waren hier durch die kontoführende Bank angestoßen worden, die wegen des hohen Überweisungsbetrages misstrauisch geworden war und eine Geldwäscheverdachtsanzeige nach § 43 GwG bei der Financial Intelligence Unit (FIU) erstattet hatte.

Dies ist nur einer aus einer Reihe praktischer Fälle, in denen auffällige Geldbewegungen oder sonstige Transaktionen zu Verdachtsmeldungen wegen Geldwäsche führen, die dann über die FIU oder Steuerbehörden die Verfolgung von Straftaten zur Folge haben.[2] Auch mit Blick auf den Betrug im Zusammenhang mit Coronabeihilfen sind Strafverfahren durch Banken angestoßen worden, die feststellten, dass überwiesene Subventionen in bar abgehoben worden waren.[3] In diesen Fällen hegten Banken regelmäßig den Verdacht einer zweckwidrigen Verwendung der Subvention und meldeten dies der FIU.

1 Zur Dimension der Strafverfahren wegen Betruges im Kontext von Coronatestzentren medstra 2021, R5, medstra 2022, R. 6.

2 Vgl. auch *Groeber/Webel* wistra 2022, 10 ff.

3 Vgl. nur LG Hamburg Beschl. v. 23.9.2020 – 618 Qs 12/20; LG Aachen Beschl. v. 16.11.2020, wistra 2021, 126 f.; LG Köln Beschl. v. 26.3.2021 – 109 Qs 3/21, v. 26.3.2021 – 106 Qs 2/21; LG Koblenz Beschl. v. 25.5.2021 – 10 Qs 30/21, wistra 2021, 414; LG Düsseldorf Beschl. v. 17.5.2022 – 007 Qs-120 Js 688/20-22/22; LG Duisburg Beschl. v. 9.9.2022 – 51 Qs-145 Js 306/20-42/22.

Möglich wurden diese Einleitungen von Strafverfahren auf der Basis von Geldwäscheverdachtsmeldungen unter anderem durch eine stetige Ausweitung des insofern zentralen § 261 StGB, der die Geldwäsche unter Strafe stellt.[4]

1. Das Recht der Geldwäschebekämpfung

Seitdem der Gesetzgeber im Jahr 1992[5] die Strafvorschrift gegen Geldwäsche in § 261 StGB in das deutsche Strafrecht eingefügt hat, wurde dieses Gesetz vielfach verändert.[6] Aus einem Instrument, das der strafrechtlichen Bekämpfung der organisierten Kriminalität dienen sollte,[7] wurde mehr und mehr eine Vorschrift, die den Zugriff auf möglicherweise illegal erlangte Vermögenswerte eröffnet und jeden vorsätzlichen oder leichtfertigen Kontakt mit inkriminiertem Vermögen unter Strafe stellt.[8] Bereits die ursprüngliche Strafvorschrift drohte demjenigen Freiheitsstrafe bis zu fünf Jahren oder Geldstrafe an, der in Kontakt mit einem Gegenstand kam, der aus einem Verbrechen, einer Betäubungsmittelstraftat oder aus einem von einem Mitglied einer kriminellen Organisation begangenen Vergehen herrührte. Auch wenn sich damals die Forderung nicht durchsetzen konnte, bereits den Kontakt mit inkriminiertem Vermögen bei fahrlässiger Unkenntnis von der illegalen Herkunft unter Strafe zu stellen,[9] bedrohte man doch nicht nur den Vorsatz, sondern auch das leichtfertige Verkennen der illegalen Herkunft mit Strafe. Die Begründung des damaligen Gesetzesentwurfs nährt den Verdacht, man habe nicht etwa die „leichtfertige Geldwäsche“[10] für so sozialschädlich gehalten, dass sie unter Strafe gestellt

---

4 Vgl. noch zur alten Rechtslage und damit zur Bedeutung der Ausweitung *Rau* in Schmidt, Rechtsfragen zur Coronakrise, 3. Aufl. 2021, § 23 Rn. 74.

5 Gesetz zur Bekämpfung des illegalen Rauschgifthandels und anderer Erscheinungsformen der Organisierten Kriminalität (OrgKG) v. 15.7.1992, BGBl. I 1992, 1302 ff.

6 Vgl. nur *Fischer* StGB, 70. Aufl. 2023, § 261 StGB Rn. 1.

7 Vgl. noch BT-Drs. 12/989, S. 1 ff.

8 Vgl. *Bülte* ZWH 2016, 377 ff.; *Fischer* (Rn. 6) § 261 Rn. 6, 7; ferner *Tsakalis* Die Verflechtung zwischen Geldwäsche und Steuerhinterziehung, 2020, S. 153; *Dann* spricht von einem Paradigmenwechsel (Anhörung Rechtsausschuss v. 9.12.2020, Prot. 19/117, S. 9).

9 Vgl. Entwurf eines § 257a StGB in BT-Drs. 11/5313, S. 3; BT-Drs. 12/731, S. 3.

10 Zum Begriff der leichtfertigen Geldwäsche *Bülte* FS Rengier, 2018, S. 181 (186).

werden sollte, sondern vielmehr drohende Probleme beim Vorsatznachweis vermeiden wollen.[11]

Bereits der Ursprung des § 261 StGB weckt also rechtsstaatliche Bedenken, weil im Eifer der Bekämpfung organisierter Kriminalität rechtsstaatliche Sicherungen wie z.B. der Verhältnismäßigkeitsgrundsatz ignoriert wurden.[12] In den kommenden Jahren machte die Strafvorschrift dann eine Entwicklung durch, die symptomatisch für eine Vermischung von Gefahrenabwehrrecht und Strafrecht und Ausdruck eines international geprägten Ansatzes ist, der wie folgt umschrieben werden kann: Der Zweck heiligt die Mittel.[13]

Verbrechensbekämpfung ist wichtig und liegt im allgemeinen Interesse eines jeden Rechtsstaats. Es ist eine seiner Kernaufgaben, Handlungen mit Kriminalstrafe zu bedrohen und zu verfolgen, die aufgrund einer demokratischen Entscheidung des Parlaments als so sozialschädlich bewertet werden, dass ihre Verfolgung als Straftaten und damit die Bedrohung mit Kriminalstrafe, dem schärfsten Schwert des Rechtsstaats, unumgänglich ist. Dies gebietet der staatlichen Gewalt, dafür zu sorgen, dass insbesondere schwere und organisierte Kriminalität effektiv, nachhaltig und konsequent bekämpft wird.[14] Diesem Zweck soll fraglos auch die Strafvorschrift des § 261 StGB dienen. Sie soll nach ihrer Grundkonzeption illegales Vermögen isolieren, den Zugriff der Strafverfolgungsbehörden auf solche Vermögenswerte erleichtern und diejenigen bestrafen, die sich in den Dienst der Täter stellen.[15]

---

11 Vgl. nur *Bülte* JZ 2014, S. 603, (606 ff.) mit Kritik und weiteren Nachweisen; kritisch auch Graf/Jäger/Wittig/*Eschelbach* Steuer- und Wirtschaftsstrafrecht, 3. Aufl. 2017, § 261 StGB Rn. 11.

12 Vgl. nur *Fischer* (Rn. 6) § 261 Rn. 6 ff.

13 Vgl. nur *Tsakalis* (Rn. 8) S. 155; ferner *Fischer* (Rn. 6) § 261 Rn. 4d; *Schröder/Blaue* NZWiSt 2019, 162; die bisher durch § 261 StGB erzielten kriminalpolitischen Erfolge sind allerdings ausnehmend dürftig, vgl. *El-Ghazi* in Herzog, GwG, 5. Aufl. 2023, § 261 StGB Rn. 10.

14 Vgl. nur BVerfG Beschl. v. 13.10.1970 – 1 BvR 226/70; BVerfGE 29, 183 (194); Beschl. v. 1.10.1987 – 2 BvR 1434/86, BVerfGE 77, 65 (76); Urt. v. 14.9.1989 – 2 BvR 1062/87, BVerfGE 80, 367 (375); Urt. v. 14.7.1999 – 1 BvR 2226/94, 1 BvR 2420/95, 1 BvR 2437/95, BVerfGE 100, 313 (388 f.); Urt. v. 12.03.2003 – 1 BvR 330/96, 1 BvR 348/9, BVerfGE 107, 299 (316); spezifisch zur Geldwäschebekämpfung BVerfG, Urt. v. 30.3.2004 – 2 BvR 1520/01, BVerfGE 110, 226 (262 f.); BVerfG vom 28.07.2015 – 2 BvR 2558/14, wistra 2016, 21 (24 f.).

15 BT-Drs. 12/989, S. 26; BGH Urt. v. 4.2.2010 – 1 StR 95/09, BGHSt 55, 36 (49).

Es leuchtet ohne weiteres ein, dass der effektivste Weg zur Bekämpfung organisierter Kriminalität im Zugriff auf das Vermögen besteht, das die Vorbereitung und Durchführung von Straftaten ermöglicht, um so künftige illegale Geschäfte zu verhindern, die mit Gewinnen aus Straftaten finanziert werden.[16] Der Angriff auf die finanzielle Basis künftiger Straftaten ist nicht nur legitim, sondern notwendig.[17]

Insofern ist allerdings die Erkenntnis elementar, dass es bei der Verhinderung künftiger Straftaten vornehmlich um die Abwehr drohender Gefahren durch diese Delikte geht. Die Abschöpfung nach den §§ 73 ff. StGB mag ein Element der Strafe beinhalten, zumindest wenn „großzügig" abgeschöpft und über das durch die Straftat Erlangte hinausgegangen wird.[18] Auch das politische Credo der Vermögensabschöpfung im Strafrecht, dass Verbrechen sich nicht lohnen dürfen,[19] mag eine repressive Note haben. Doch ändert das nichts daran, dass die primäre und gebotene Zielrichtung von Vermögensabschöpfung und Geldwäschebekämpfung präventiver Natur ist.[20] Es geht darum, Anreize für Straftaten zu beseitigen und ihre finanzielle Basis zu zerstören. Die Geldwäschebekämpfung hat also ihre Grundlagen im Recht der Gefahrenabwehr.

Insbesondere auf internationalen Druck hin hat Deutschland seine Strafvorschrift gegen Geldwäsche in den letzten 30 Jahren von einer grundsätzlich an der Bekämpfung der organisierten Kriminalität ausgerichteten Regelung zu einem Instrument der Verfolgung jeden Kontakts mit jedweder Art von Kriminalität fortentwickelt.[21] Während bei den Diskussionen über

---

16 StA Dr. *Fred Bär* aus der Berliner Justizverwaltung zitierte Giovanni Falcone wie folgt: „Der wichtigste Weg, der bei der Bekämpfung der Organisierten Kriminalität eingeschlagen werden muss, ist die Vernichtung ihrer finanziellen Macht." (Sitzung Berliner Abgeordnetenhaus v. 24.2.2021 Inhaltsprotokoll Recht 18/68, S. 7).

17 Vgl. hierzu insbesondere BVerfG Beschl. v. 10.2.2021 – 2 BvL 8/19, BVerfGE 156, 354 (410 ff).

18 Vgl. nur *Becker/Heuer* NZWiSt 2019, 411 (417); *Rönnau/Begemeier* JZ 2018, 443 (448).

19 Vgl. nur *Winkelmeier-Becker* (CDU/CSU), Deutscher Bundestag, Sitzung v. 29.9.2016, 18/193, S. 19229; *Fechner* (SPD), ebenda, S. 19231; *Luczak* (CDU/CSU), ebenda, S. 19233; vgl. zum Hintergrund *Rönnau* ZGR 2022, 781 (784) m.w.N.

20 Die Rechtsprechung sieht die Einziehung nach §§ 73 ff. StGB daher ausdrücklich nicht als Strafe an: BVerfG Beschl. v. 10.2.2021 – 2 BvL 8/19, BVerfGE 156, 345 (401 ff.).

21 Vgl. nur Graf/Jäger/Wittig/*Eschelbach* (Fn. 11) § 261 StGB Rn. 2; ferner *El-Ghazi* in Herzog (Rn. 13) § 261 StGB Rn. 8.

die letzten Änderungen des § 261 StGB im Bundestag[22] weiterhin vornehmlich von der Bekämpfung von „Clan-Kriminalität"[23] und bandenmäßigem Steuerbetrug (cum Ex-Geschäfte) die Rede war, wurde im Rechtsausschuss des Deutschen Bundestages deutlich, dass die Ausweitung der Strafbarkeit wegen Geldwäsche vornehmlich dem Zweck dienen soll, über die Eröffnung eines Ermittlungsverfahrens wegen Geldwäsche auf alle Möglichkeiten der Vermögensabschöpfung zugreifen zu können.[24] Das potenzielle Unrecht der Geldwäsche als solches war für die Befürworter der Ausweitung von Strafbarkeiten allenfalls von sekundärer Bedeutung; es ging offenkundig zumindest primär darum, durch eine Kriminalisierung von Handlungen auf Vermögen unbekannter Herkunft zuzugreifen.

Die Haltung hinter dieser Ausweitung der Geldwäschestrafbarkeit wurde in den Beiträgen der als Sachverständige geladenen Vertreter von Justiz und Strafverfolgungsbehörden deutlich: Das Strafverfahren könne im Zweifel aus Opportunitätsgründen jederzeit eingestellt werden, solange über die Kriminalisierung von alltäglichen Bagatellhandlungen der Weg zur Abschöpfung eröffnet wird.[25] Welche Folgen diese prophylaktische Strafverfolgung für die betroffenen Personen hat, blieb außer Acht.[26]

Dass der Gesetzgeber in manchen Bereichen zu diesem mit rechtsstaatlichen Grundsätzen nicht vereinbaren Ansatz durch internationalen Druck veranlasst worden sein mag, ist zutreffend. Insbesondere die Financial Action Task Force (FATF) hat Deutschland, aber auch andere Staaten, mit mittelbaren Sanktionsdrohungen dazu gebracht, Gesetze zu verabschieden, die demokratischen Standards nicht gerecht werden. Wenn nämlich ein demokratisch gewähltes Parlament glaubt, Vorgaben umsetzen zu müssen, die von einem nicht demokratisch legitimierten Expertengremium entwickelt wurden, so missversteht diese Legislative ihre verfassungsrechtliche Rolle und verletzt ihre demokratischen Pflichten.[27]

---

22 So etwa *Luczak* (CDU/CSU), Deutscher Bundestag, Sitzung v. 20.11.2020, 19/193, S. 24436; *Di Masi* (LINKE), ebenda S. 24437; aber auch im Rechtsausschuss: *Köhler* Anhörung v. 9.12.2020, Prot. 19/117, S. 18.

23 Zur Verwendung dieses unscharfen und pauschalierenden Begriffs und ihren Folgen in den deutschen Medien *Özvatan/Neuhauser/Yurdakul*, Social Sciences 2023, 12, 104.

24 Vgl. nur *Fiedler* Anhörung Rechtsausschuss v. 9.12.2020, Prot. 19/117, S. 10; *Köhler* ebenda S. 11.

25 Ausdrücklich Deutscher Richterbund, Stellungnahme, Prot. 19/117, S. 143.

26 Dazu *Bülte* Stellungnahme, Prot. 19/117, S. 61.

27 Vgl. *Bülte* Stellungnahme, Prot. 19/117, S. 35 f.; zum Problem der Expertokratie *Weißer* ZStW 2017, 961 ff.

Mit einer Umorientierung der Geldwäschebekämpfung weg von der strafrechtlichen Verfolgung als Vehikel der Abschöpfung, verbunden mit einer Überlastung der Justiz und der Verletzung rechtsstaatlicher Grundsätze, hin zu einer an der Gefahrenabwehr orientierten ausschließlich verwaltungsrechtlichen Vermögensabschöpfung könnte ein tatsächlicher Beitrag zur Bekämpfung der organisierten Kriminalität geleistet werden. Derzeit steht einer solchen teilweisen Entkriminalisierung der Geldwäsche jedoch der Druck der Europäischen Union und internationaler Organisationen entgegen.

2. Der All-Crimes-Ansatz

Im nationalen Strafrecht war die Reform des § 261 StGB zum 18.3.2021[28] der bislang letzte Schritt zur Wandlung des Gesetzes zur Bekämpfung der organisierten Kriminalität zum Instrument der Abschöpfung bei Alltagskriminalität.[29] Der vormals geltende Vortatenkatalog, also die Beschränkung der Geldwäschetauglichkeit auf Vermögensgegenstände aus bestimmten Straftaten, wurde aufgegeben, und der sogenannte All-Crimes-Ansatz trat an seine Stelle. Danach kann jeder Gegenstand, der aus *irgendeiner* Straftat herrührt, taugliches Tatobjekt der Geldwäsche sein.[30] Es kommt weder darauf an, mit welcher Strafdrohung die jeweilige Tat versehen ist, noch ob es sich um eine vorsätzlich oder fahrlässig begangene Straftat handelt. Geldwäsche kann also am gestohlenen Schokoriegel[31] begangen werden ebenso wie am Erlös für gefährliche Lebensmittel, die fahrlässig in den Verkehr gebracht worden sind (§ 58 Abs. 6 LFGB). Es kommt nach herrschender Meinung nicht darauf an, wann und von wem die Tat begangen worden ist, sodass auch bereits verjährte Taten bei der Beurteilung der Geldwäschestrafbarkeit noch in den Blick zu nehmen sind.[32] Zwar hat man im Referentenentwurf zur Reform des § 261 StGB vom 11.8.2020 mit Blick auf den Wegfall des Vortatenkatalogs noch erwogen, auf die Leichtfertigkeitsvariante zu verzichten und so die Strafbarkeit wegen Geldwäsche auf Fälle vorsätzlicher Begehung

28 Gesetz zur Verbesserung der strafrechtlichen Bekämpfung der Geldwäsche v. 9.3.2021, BGBl. I 327 ff.

29 Zur Kritik nur *Gazeas* NJW 2021, 1021 ff.; befürwortend dagegen *Böhme/Busch* wistra 2021, 169, 173.

30 Vgl. auch *Travers* Editorial, StV 11/2022.

31 *Gercke/Jahn/Reckmann*, LTO v. 19.10.2020; vgl. auch *Neumann* ZjS 2022, 682 (683).

32 Zu den Einzelheiten *Bülte* in Joecks/Jäger/Randt, 9. Aufl. 2023, § 261 Rn. 102 ff.

zu beschränken.[33] Diese Einschränkung der Strafbarkeit scheiterte aber im Laufe des Gesetzgebungsverfahrens nicht zuletzt am massiven Widerstand von Vertretern der Strafverfolgungsbehörden.[34]

Dieser Umstand ist deswegen besonders bemerkenswert, weil der Straftatbestand der sogenannten leichtfertigen Geldwäsche[35] in der Praxis vornehmlich für sogenannte Finanzmakler Anwendung findet. Dabei handelt es sich typischerweise um besonders unerfahrene und unbedarfte Personen, die sich auf objektiv verdächtige Geschäftsmodelle einlassen, um einen geringfügigen Nebenverdienst zu erzielen. Die Strafbarkeit wegen Geldwäsche trifft also vereinfacht gesagt vielfach Menschen, die nicht Strafe, sondern finanzielle Unterstützung bräuchten. Dazu führte *Matthias Jahn*[36] im Ausschuss für Recht und Verbraucherschutz des Deutschen Bundestages am 9.12.2020 aus: *„Die Klientel, die heute Geldwäschestrafbarkeit in der Justizpraxis ausmacht, das sind zu fast 100 % Finanzagenten. Das sind Privatpersonen, die sich aus Leichtgläubigkeit für kriminelle Netzwerke missbrauchen lassen. Der Schaden, der entsteht, ist typischerweise ein Schaden unter 5000 €.“*

Damit wird deutlich, dass nahezu jeder Vermögensgegenstand auch Tatobjekt einer strafbaren Geldwäsche sein kann, solange er im Vermögen einer Person in irgendeiner Weise verkörpert ist, also unmittelbar übertragen werden kann. Die Frage, ob auch reine Ersparnisse (etwa die Vermeidung der Inanspruchnahme durch das Finanzamt) Gegenstand der Geldwäsche sein können, hat das Gesetz mit der Streichung der Regelung in § 261 Abs. 1 Satz 3 StGB a.F. beantwortet, wenn auch letztlich damit insofern[37] nur eine ohnehin in der Praxis nicht angewandte Vorschrift beseitigt wurde.[38] Die Streichung dieser Regelung, die insofern weder Anwendungs-

---

33 Vgl. auch *Jahn* Anhörung Rechtsausschuss v. 9.12.2020, Prot. 19/117, S. 19.

34 So z.B. *Deutscher Richterbund* Stellungnahme, Prot. 19/117, S. 141 ff.; *Ruhland* GenStA in München, Stellungnahme, Prot. 19/117, S. 148.

35 Hierzu *Bülte* FS Rengier, 2018, S. 181 ff.

36 *Jahn* Anhörung Rechtsausschuss v. 9.12.2020, Prot. 19/117, S. 10.

37 Relevant war die Vorschrift jedoch mit Blick auf den Schmuggel, vgl. zu diesem Anwendungsbereich *Bülte* in Joecks/Jäger/Randt (Rn. 32) § 261 Rn. 64.

38 OLG Saarbrücken Beschl. v. 26.5.2021 – 4 Ws 53/12; *Bülte* in Joecks/Jäger/Randt (Rn. 32) § 261 Rn. 60 ff.; *Fischer* (Rn. 6) § 261 Rn. 17.

bereich noch Notwendigkeit der Anwendung kannte, führte trotzdem zu Kritik aus den Reihen der Zollgewerkschaft.[39]

3. Gegenstand der Geldwäsche

Der Straftatbestand der Geldwäsche hätte allerdings nur einen sehr beschränkten Anwendungsbereich, wenn er – wie etwa die Hehlerei nach § 259 StGB – auf den Gegenstand beschränkt wäre, der unmittelbar aus der Vortat erlangt worden ist. Das Gesetz fasst den Anwendungsbereich des § 261 StGB daher deutlich weiter: Anwendbar ist die Strafvorschrift auf jeden Gegenstand, der aus einer rechtswidrigen Tat im Sinne von § 11 Abs. 1 Nr. 5 StGB herrührt. Das sind neben durch die Tat unmittelbar erlangte oder hervorgebrachte Gegenstände oder Honorar für die Tat auch alle Surrogate dieser Gegenstände.[40]

Nach der Rechtsprechung des BGH im sogenannten Giralgeld-Beschluss[41] führt auch die Vermischung von legalen und illegalen Vermögensgegenständen nicht etwa dazu, dass aufgrund mangelnder Abgrenzbarkeit im Zweifel von legalem Vermögen auszugehen wäre. Vielmehr geht die Rechtsprechung von einer Infektionswirkung legal erlangter Vermögenswerte durch Vermischung mit inkriminiertem Vermögen aus, solange der illegale Teil nicht nur eine völlig untergeordnete Bedeutung hat.[42] Die Frage, wie ein einmal inkriminierter Gegenstand wieder gereinigt werden kann oder ob im Ergebnis auf Dauer alle Wirtschaftsgüter als inkriminiert anzusehen sind, ist bislang noch ungeklärt.[43] Hier haben Wissenschaft und Rechtsprechung noch viel Arbeit zu leisten.[44]

---

39 Anhörung Rechtsausschuss v. 9.12.2020, Prot. 19/117, S. 82 f.; vgl. aber auch *Roth* PStR 2021, 179 ff.

40 BGH Urt. v. 25.4.2022 – 5 StR 100/22, Rn. 7, wistra 2022, 341, (342).

41 BGH Beschl. v. 20.5.2015 – 1 StR 33/15, NJW 2015, 3254; ebenso Urt. v. 12.7.2016 – 1 StR 595/15 Rn. 25, wistra 2017, 66.

42 Dazu instruktiv *Fleckenstein* wistra 2023, 45 ff.

43 Zu Problemen der Inkriminierung im Insolvenzverfahren *Bittmann/Bues* wistra 2022, 485 ff.; BeckOK-Insolvenzrecht/*Wessing*, Stand 15.4.2023, Geldwäsche Rn. 12; zum Vollstreckungsverfahren LG Aachen Urt. v. 20.3.2018 – 72 Ns 69/17.

44 Ansätze hierzu *Bittmann* NStZ 2022, 577 ff.

4. Tathandlungen: § 261 StGB als universelles Kontaktdelikt

Die Tathandlungen, die durch § 261 Abs. 1 und 2 StGB unter Strafe gestellt sind, umfassen eine Vielzahl von teils klandestinen, teils aber auch auf den ersten Blick neutralen Handlungen. Erfasst sind nicht nur spezifisch und gezielt auf die Verhinderung des staatlichen oder privaten Zugriffs auf illegale Vermögen ausgerichtete Handlungen wie das Verbergen eines Gegenstandes, das Verschleiern seiner Herkunft[45] oder das gezielte Vereiteln oder Gefährden von Abschöpfungsmaßnahmen,[46] sondern letztlich jeder Umgang mit inkriminiertem Vermögen.[47] Das schließt das Sich-verschaffen[48] ebenso ein wie das Verwahren[49] oder Verwenden eines aus einer rechtswidrigen Tat herrührenden Gegenstandes. Mit der Strafbarkeit der Tathandlung des Verwendens geht die Erfassung jeder wirtschaftlichen Nutzung eines Tatobjekts einher, sodass bereits das Anmieten eines mit inkriminierten Mitteln erworbenen Fahrzeugs oder einer illegal finanzierten Immobilie ausreichend sein kann.[50] Im alltäglichen Geschäftsverkehr führt die Reichweite der Tathandlung weiterhin dazu, dass bereits die Geltendmachung eines Anspruchs aus einem erfüllten Vertrag (aufgrund der Lieferung von Waren) eine Geldwäschehandlung sein kann, wenn der Vertrag durch eine Straftat zustande gekommen ist, etwa durch Bestechung im geschäftlichen Verkehr.[51] Zwar hat der Bundesgerichtshof in seiner Rechtsprechung festgestellt, dass Geldwäsche dann nicht in Betracht kommen kann, wenn der Gegenstand vornehmlich durch die Leistung eines Dritten und weniger durch das inkriminierte Vermögen entstanden ist,[52] aber wie sich diese Rechtsprechung im Einzelnen auswirkt, ist bislang noch ungeklärt. Das bedeutet, dass bei jedem Leistungsaustausch die Inkriminierung, die Geldwäschestrafbarkeit und letztlich auch die Infektion von legalem Vermögen droht. Nicht zuletzt kann auch die Geltendmachung eines inkri-

---

45 Hierzu BGH Urt. v. 27.7.2016 – 2 StR 451/15, wistra 2017, 69 (70 f.); Beschl. v. 27.11.2018 – 5 StR 234/18, wistra 2019, 145 (146 f.); Urt. v. 23.1.2019 – 5 StR 143/18, BeckRS 2019, 2544, Rn. 53 f.; ferner *Reisch* JuS 2023, 207, 210.

46 Vgl. hierzu BGH Beschl. v. 21.1.2016 – 4 StR 384/15, Rn. 11 f., wistra 2016, 191 (192).

47 *Bülte* ZWH 2016, 377.

48 Vgl. BGH Beschl. v. 4.2.2010 – 1 StR 95/09, BGHSt 55, 36; Beschl. v. 13.1.2015 – 5 StR 541/14, Rn. 5, NZWiSt 2015, 272 f. m.Anm. *Floeth*.

49 Vgl. BGH Urt. v. 12.7.2016 – 1 StR 595/15 Rn. 23 f., wistra 2017, 66 ff.; BGH Beschl. v. 31.10.2018 – 2 StR 281/18, Rn. 39, wistra 2019, 415 (418 f.).

50 Vgl. hierzu *Bülte* in Joecks/Jäger/Randt (Rn. 32) § 261 Rn. 132 ff.

51 Vgl. *Bülte* NStZ 2014, 680, (682).

52 BGH Beschl. v. 20.5.2015 – 1 StR 33/15, NJW 2015, 3254.

minierten Anspruchs eine Strafbarkeit wegen Untreue bedeuten, wenn die Erfüllung zur Infektion weiteren Vermögens führt.[53]

II. Bedeutung im Medizinstrafrecht

Im Bereich medizinischer Dienstleistungen spielen Geldwäschestrafrecht und Geldwäschecompliance zunächst bei altbekannten Formen der Vermögenskriminalität eine Rolle. Geldwäschetaugliches Vermögen kann sich hier aus Straftaten wie Abrechnungsbetrug oder Untreue ergeben, solange diese Straftaten nicht lediglich zu ersparten Aufwendungen führen, sondern auch Auszahlungen oder sonstige verkörperte Vorteile bei den Beteiligten bewirken. Gleiches gilt für die Korruptionsstraftaten, die im medizinischen Bereich relevant werden können, wie etwa §§ 331 ff., 299 ff. StGB.[54]

1. All-Crimes-Ansatz im Medizinstrafrecht

Andere Straftaten, die im medizinischen Bereich bislang weniger im Fokus standen und möglicherweise auch wegen ihrer nur geringen Strafdrohungen, eines Strafantragserfordernisses oder schlicht Vernachlässigung durch die Strafverfolgung für irrelevant gehalten worden sind, gewinnen an Relevanz mit der Möglichkeit, inkriminiertes Vermögen hervorzubringen. Das gilt etwa für Wettbewerbsstraftaten wie strafbare Verstöße gegen das Heilmittelwerbegesetz (§ 14 HWG), gegen den Schutz des Geschäftsgeheimnisses (§ 23 GeschGehG), gegen Strafvorschriften des Patentgesetzes (§ 142 PatG) oder des allgemeinen Wettbewerbsrechts (§ 16 UWG). In Betracht kommen schließlich Verstöße gegen das Außenwirtschaftsgesetz (§ 18 AWG), die zur Folge haben können, dass Erlöse aus strafbaren Geschäften geldwäschetaugliches Vermögen darstellen. Nicht zuletzt kann auch eine Straftat gegen die Arzneimittelsicherheit (§ 95 AMG) einen geldwäschetauglichen Vermögenswert hervorbringen.

---

53 *Bülte* NStZ 2014, 680 ff.

54 Vgl. nur BGH Urt. v. 20.09.2022 – 1 StR 14/22 NZWiSt 2023, 112 (115), zur Geldwäsche bei Schmiergeldern.

2. Auslandsvortaten der Geldwäsche

Neue Fragen wirft eine Regelung auf, die mit der Reform zum 18.3.2021 in § 261 StGB aufgenommen wurde.

a) Im Ausland begangene strafbare Handlungen als Vortaten

Nach § 261 Abs. 9 StGB können auch ausländische Vortaten geldwäschetaugliches Vermögen hervorbringen. Das ist – insofern ist die Regelung nicht neu – zum einen der Fall, wenn die Tat im Ausland begangen wurde und sowohl nach ausländischem Recht eine Straftat darstellt als auch nach deutschem Strafrecht. Als Geldwäsche strafbar ist damit z.B. die Einfuhr von Waren, die unter Verstoß gegen ausländisches Strafrecht hergestellt oder erlangt wurden, soweit die Herstellung oder Erlangung auch nach deutschem Strafrecht strafbar war. Das gilt insbesondere auch dann, wenn die fraglichen Handlungen im Ausland zwar formal unter Strafe gestellt sind, aber von Behörden vor Ort – aus welchem Grund auch immer – nicht verfolgt werden. Es kommt allein auf die formale doppelte Strafbarkeit an.[55]

b) Im Ausland begangene unionsrechtlichen Strafpflichten unterfallende Handlungen

Ferner kann geldwäschetaugliches Vermögen und damit auch die Gefahr der Vermögensinfektion dadurch entstehen, dass eine Handlung im Ausland begangen wird, die zum einen nach deutschem Strafrecht eine rechtswidrige Tat i.S.v. § 11 Abs. 1 Nr. 5 StGB darstellt und zum anderen im Katalog des § 261 Abs. 9 Nr. 2 lit. a) bis h) StGB enthalten ist. In diesen Fällen kommt es nicht darauf an, ob die Handlung am Tatort mit Strafe bedroht oder auch nur illegal wäre. Ein Erfordernis doppelter Strafbarkeit besteht also insofern nicht.[56]

Das bedeutet, dass Staatsanwalt und Gericht zur Feststellung, ob inkriminiertes Vermögen und damit die Möglichkeit der Geldwäschestrafbarkeit im Inland gegeben sind, die Frage nach der ausländischen Rechtslage außenvorlassen können. Es reicht die Feststellung aus, dass der Gegenstand aus einer Handlung herrührt, die nach deutschem Recht strafbar und

55 Vgl. BT-Drs. 19/24180, S. 37; ferner *Fischer* (Rn. 6) § 261 Rn. 14.
56 Vgl. *Bülte* GWuR 2022, 8 (11).

zu deren Bestrafung Deutschland nach bestimmten Übereinkommen der Europäischen Union verpflichtet ist.[57] Zu diesen von einer Strafpflicht betroffenen Handlungen gehören insbesondere Bestechungen im öffentlichen und privaten Sektor sowie Verstöße gegen Vorschriften zum Schutz vor Menschenhandel. Damit macht sich ein Unternehmer dann wegen Geldwäsche nach deutschem Recht strafbar, wenn er vorsätzlich oder leichtfertig Waren erwirbt, die im Ausland unter Bedingungen hergestellt wurden, die den Tatbestand des § 233 StGB erfüllen.[58]

c) Obliegenheitspflicht zur Kontrolle von Lieferketten

Durch diese Strafdrohung entsteht faktisch eine Obliegenheit jedes Unternehmers zur genauen Kenntnis seiner Lieferkette, um nicht Gefahr zu laufen, sich dem Vorwurf der leichtfertigen Geldwäsche auszusetzen, wenn sich herausstellen sollte, dass Bestandteile oder Zutaten der von ihm vertriebenen Waren unter strafpflichtigen Bedingungen i.S.v. § 261 Abs. 9 StGB hergestellt worden sind. Diese Obliegenheit geht damit teilweise weit über die Pflichten des Lieferkettensorgfaltsgesetzes hinaus.[59]

Insbesondere in diesem Zusammenhang ist wichtig zu erwähnen, dass nicht nur die Leichtfertigkeit mit Blick auf tatsächlich gegebene Inkriminierung ausreichend ist, um die Geldwäschestrafbarkeit zu begründen, sondern auch der untaugliche Versuch der (vorsätzlichen) Geldwäsche bestraft werden kann.[60] Hält es also der Unternehmer für möglich, dass ein Gegenstand, den er sich verschafft, verwertet oder verwendet aus einer strafbaren (Auslands-) Handlung stammt und findet er sich damit ab, so macht er sich nach § 261 Abs. 1, 3 StGB auch dann strafbar, wenn sich herausstellen sollte, dass der Gegenstand legal hergestellt und zu keinem Zeitpunkt inkriminiert war.[61]

---

57 Das sind Übereinkommen gegen öffentliche Korruption sowie Rahmenbeschlüsse gegen illegalen Aufenthalt, Bestechung im privaten Sektor, illegalen Drogenhandel, Organisierte Kriminalität, Menschenhandel, Kinderpornographie und Terrorismus.

58 Im Textilbereich wurden immer wieder Vorwürfe gegen große Einzelhandelsketten laut, sie würden Kleidung unter Bedingungen herstellen lassen, die Sklaverei gleichkämen, vgl. Deutschlandfunk v. 26.4.2013, Schwere Vorwürfe gegen Textilfabrikanten in Argentinien.

59 Vgl. *Bülte* in Joecks/Jäger/Randt (Rn. 32) § 261 Rn. 49 f.

60 Vgl. Beck-OK-StGB/*Ruhmannseder* 55. Ed. v. 1.5.2023, § 261 Rn. 57.

61 Vgl. *Bülte* in Joecks/Jäger/Randt (Rn. 32) § 261 Rn. 211.

3. Inkriminierung und Infektionswirkung

Auch im Medizinstrafrecht kann die infektiöse Wirkung inkriminierten Vermögens ebenso wie in jedem anderen Bereich erhebliche Auswirkungen haben.

a) Infektion und Vermischung

Die verbeamtete Chefärztin A wird regelmäßig von der Pharma GmbH mit Vorträgen und Gutachten beauftragt. Beides wird mit einem weit über dem angemessenen Honorar liegenden Betrag vergütet. Die Beauftragung und Vergütungen beruhen auf einer Vereinbarung zwischen Pharmareferent P und A, nach der sich A – bei medizinischer Vertretbarkeit – stets für eine Verwendung der Produkte der Pharma GmbH entscheiden soll. A erhält im Januar 2022 eine Zahlung von 1.000 € für ein 5-minütiges Grußwort beim regionalen Kongress am Arbeitsort der A. Der Betrag wird auf ihr Konto überwiesen, das zum Zeitpunkt der Überweisung einen Kontobestand von 9.000 € aufweist. A hebt 500 € in bar von ihrem Konto ab, um eine Armbanduhr zu kaufen. Die Uhr schenkt sie ihrem Ehemann (M), der von der Herkunft des Geldes weiß.

In diesem Fall macht sich nicht nur A wegen Bestechlichkeit nach § 332 Abs. 1 StGB strafbar und P gemäß § 334 StGB,[62] sondern es kommt zudem eine Strafbarkeit wegen Geldwäsche nach § 261 Abs. 1 StGB in Betracht. Strafbar machen sich insofern sowohl A als auch M. A erlangt 1000 € aufgrund der Unrechtsvereinbarung mit P, sodass es sich bei der Einzahlung auf dem Bankkonto der A um inkriminiertes Vermögen i.S.v. § 261 Abs. 1 StGB handelt. Nach der Rechtsprechung des Bundesgerichtshofs führt das Eingehen der 1000 € auf dem Konto der A und die damit einhergehende Vermischung von inkriminiertem mit nicht inkriminiertem Vermögen zur Infektion des gesamten Vermögensbestandes, weil zumindest nach der bisherigen Auffassung der Rechtsprechung[63] der Anteil von 1000 € und von 10 % des Gesamtbestandes wohl so erheblich ist, dass der gesamte Kontobestand kontaminiert wird.

Das hat zur Folge, dass sich A nicht darauf berufen könnte, die von ihr abgehobenen 500 € seien Teil ihres legalen Vermögens, sondern davon

62 Entfernt angelehnt an OLG Hamburg Beschl. v. 11.7.2000 – 2 Ws 129/00, StV 2001, 284.

63 BGH Beschl. v. 20.5.2015 – 1 StR 33/15, wistra 2015, 391 f.

auszugehen ist, dass jede Abhebung von diesem Konto nunmehr illegales Vermögen betrifft. Die Inkriminierung setzt sich damit an dem abgehobenen Barbetrag fort, sodass die Übergabe der 500 € an den Verkäufer der Uhr den Tatbestand von § 261 Abs. 1 Nr. 4 StGB (Verwenden) erfüllt. Der Verkäufer der Uhr wird sich typischerweise nicht wegen Geldwäsche strafbar machen, weil für ihn keine Anhaltspunkte für die illegale Herkunft erkennbar sein dürften.

Den Straftatbestand der Geldwäsche nach § 261 Abs. 1 Nr. 4 StGB erfüllt dagegen auch M, wenn er das Geschenk in Kenntnis oder leichtfertiger Unkenntnis der Herkunft des Geldes annimmt. Während allerdings A wegen dieser Geldwäsche nicht bestraft wird, weil für sie in diesem Fall der Strafausschlussgrund des § 261 Abs. 7 StGB greift, muss M mit der Verfolgung wegen einer Tat nach § 261 Abs. 1 Nr. 3 StGB rechnen, wenn die Staatsanwaltschaft im Rahmen eines Strafverfahrens gegen A die Geldflüsse nachverfolgt. Selbst wenn dann in der Praxis das Strafverfahren – typischerweise aus Opportunitätsgründen nach § 153 oder § 153a StPO – eingestellt werden sollte,[64] ist die Uhr der Einziehung nach §§ 73 ff. StGB unterworfen. Zudem muss auch mit Einziehung des Wertersatzes nach § 73c StGB mit Blick auf den Kontobestand von 10.000 Euro gerechnet werden. Es kann also zu einer Einziehungskaskade durch die Geldwäschetauglichkeit kommen.[65]

Dieses Beispiel dürfte deutlich machen, dass die Strafbarkeit wegen Geldwäsche zu einer Potenzierung des Strafverfolgungs- und vor allem Abschöpfungsrisikos im Kontext von Straftaten auch im Medizinstrafrecht führt. Es ist zwar einzuräumen, dass genau diese Fallkonstellation bereits seit vielen Jahren von § 261 StGB erfasst ist, da die §§ 332 und 334 StGB schon seit dem 9.5.1998[66] taugliche Vortaten der Geldwäsche sind. Durch die Ausweitungen des Abschöpfungsrechts im Jahr 2017 und eine deutlich erhöhte Aufmerksamkeit der Strafverfolgungsbehörden mit Blick auf Geldwäschefälle ist das faktische Risiko der Strafverfolgung und weitreichender Abschöpfung allerdings stark gestiegen.[67]

---

64 So *Lüblinghoff* Anhörung Rechtsausschuss v. 9.12.2020, Prot. 19/117, S. 12.

65 Hierzu instruktiv *Fleckenstein* wistra 2023, 45 ff.; differenzierend *Bülte* in Joecks/Jäger/Randt (Rn. 32) § 261 Rn. 258 ff.; *El-Ghazi* GwuR 2022, 49 (55); *Rönnau* (ZRG 2022, 781 [783]) betont, dass die Vermögensabschöpfung „existenzvernichtende" Auswirkungen haben kann.

66 Art. 1 Gesetz zur Verbesserung der Bekämpfung der Organisierten Kriminalität vom 4. Mai 1998, BGBl. I, S. 845 ff.

67 Vgl. auch *Travers*, Editorial, StV 11/2022.

b) Reinigung durch Unwissenheit

Die strafrechtlichen Folgen von Bestechung in der Beschaffung von Rohstoffen zur Herstellung von Medikamenten oder Heilmitteln etc. sind leicht absehbar. Hier kann grundsätzlich jede Straftat innerhalb der Lieferkette zur Infektion aller Produkte führen. Allerdings muss in diesem Zusammenhang festgestellt werden, dass die Frage nach der Wissenszurechnung im Unternehmen mit Blick auf die Geldwäsche noch weitgehend ungeklärt ist. Es bleibt nämlich die Frage, ob ein Produkt auch dann inkriminiert ist, wenn keiner der Entscheidungsträger Kenntnis von der Inkriminierung hat, weil in „unteren oder mittleren Etagen" des Unternehmens bestochen oder betrogen wurde.

Unklar ist, inwieweit ein Entscheidungsträger sich dann auf den Bundesgerichtshof berufen kann: „*Eine Grenze [der Inkriminierung] liegt erst dort, wo aufgrund von Weiterverarbeitung der Wert eines neuen Gegenstandes trotz dessen Teilidentität mit dem Ursprungsgegenstand im Wesentlichen auf eine selbständige spätere Leistung Dritter zurückzuführen ist [...]*".[68] Ist das Unternehmen Dritter? Sind die Grundsätze der § 73b bzw. § 74b StGB anzuwenden?[69]

c) Abrechnungsbetrug

Große Bedeutung hat die Einführung des All-Crimes-Ansatzes im Kontext des Abrechnungsbetruges. Zwar war auch hier der gewerbsmäßig oder bandenmäßig begangene Betrug schon seit dem 9.5.1998[70] Vortat zur Geldwäsche, aber die Neufassung des Gesetzes im Jahr 2021 führt dazu, dass bereits geldwäschetaugliches Vermögen entsteht, wenn der Gegenstand aus einer Einzeltat herrührt, also eine gewerbsmäßige oder bandenmäßige Begehung nicht im Raum steht oder nicht hinreichend sicher festgestellt werden kann. Erlangt ein Täter aus einem einzelnen Abrechnungsbetrug gegenüber der KV oder Krankenkasse eine Zahlung, so ist diese ohne weiteres taugliches Tatobjekt der Geldwäsche und führt zu den oben beschriebenen Infektionswirkungen auf Unternehmens- oder Privatkonten.

---

68 BGH Beschl. v. 27.11.2018 – 5 StR 234/18 Rn. 17, BGHSt 63, 268 (271) = NJW 2019, 533 (534).

69 Vgl. zu diesen Problemen *Bülte* in Joecks/Jäger/Randt (Rn. 32) § 261 Rn. 80 ff.

70 Gesetz zur Verbesserung der Bekämpfung der Organisierten Kriminalität, BGBl. I S. 845.

Wie zufällig die Geldwäschestrafbarkeit im Einzelfall sein kann, zeigt folgender einer Entscheidung des OLG Hamm[71] nachempfundene Fall:

Der Urologe A bestellt bei der T-GmbH Röntgenkontrastmittel zulasten der B-Krankenkasse. Auf Nachfrage der Krankenkasse erklärt A keine Rabatte oder Vergünstigungen erhalten zu haben. Die Krankenkasse zahlt den Rechnungsbetrag an die T-GmbH aus. Tatsächlich organisiert und bezahlt die T-GmbH jedoch die Entsorgung des medizinischen Sondermülls aus der Praxis des A. Dafür müssen 3000 € aufgewendet werden. Der Betrag wird aber nicht in Rechnung gestellt, sodass er eine Ersparnis in dieser Höhe hat.

Hier kommt trotz einer Untreue oder eines Betruges als Vortat eine Strafbarkeit wegen Geldwäsche nicht in Betracht, weil § 261 StGB einen verkörperten Gegenstand voraussetzt, den der Täter oder ein Dritter durch die Tat erlangt hat. Auch wenn dies keine körperliche Sache sein muss, sondern auch Forderungen oder andere Rechte in Betracht kommen, scheidet eine Strafbarkeit aus, wenn es sich lediglich um einen faktischen Vorteil handelt, der nicht übertragen werden kann.

Dieser Ansatz ist aus mehreren Gründen zwingend: Zum ersten überschritte es die verfassungsrechtlich verbindliche Wortlautgrenze (Art. 103 Abs. 2 GG), von einem Gegenstand zu sprechen, wenn der Vermögensvorteil nicht in irgendeiner Weise verkörpert ist. Zum zweiten dient § 261 StGB dem Schutz des legalen Wirtschafts- und Finanzkreislaufs vor einer Infektion durch illegale Vermögensgegenstände. Eine reine Ersparnis kann jedoch nicht zu einer solchen Infektion führen.[72] Zum Dritten wäre nicht erkennbar, wie die maßgeblichen Tathandlungen des Verbergens, Sich-Verschaffens, Verwahrens, Verwendens oder Verschleierns von Informationen zum Auffinden an einem Vermögensvorteil begangen werden sollten, auf den sich diese Tathandlungen nicht unmittelbar beziehen können.

Die Zufälligkeit der Geldwäschestrafbarkeit besteht im vorliegenden Fall darin, dass die Tatbestandserfüllung allein durch die Abkürzung des Zahlungsweges ausgeschlossen wird. Hätte die T-GmbH die Entsorgung des Sondermülls nicht selbst organisiert, sondern dem A den von dem Entsorgungsdienstleister in Rechnung gestellten Betrag überwiesen, dann wäre mit dem Überweisungsbetrag und der entsprechenden Forderung gegenüber der Bank ein geldwäschetauglicher Vermögensgegenstand entstanden,

---

71 OLG Hamm Urt. v. 22.12.2004 – 3 Ss 431/04, NStZ-RR 2006, 13.

72 I.E. BT-Drs. 18/24180, S. 17; dagegen *Fiedler* Anhörung Rechtsausschuss v. 9.12.2020, Prot. 19/117, S. 24 f.; BDZ Deutsche Zoll und Finanzgewerkschaft, Stellungnahme, Prot. 19/117, S. 82 mit der Forderung die Einziehungsmöglichkeit zu erhalten.

sodass die Zahlung durch A eine Geldwäschehandlung gewesen wäre. Für A selbst wäre der Unterschied strafrechtlich nur bedingt relevant, weil für ihn oftmals der persönliche Strafausschließungsgrund des § 261 Abs. 7 StGB greift. Für sein Praxispersonal allerdings käme eine Strafbarkeit wegen Beteiligung an der von ihm tatbestandlich und rechtswidrig begangenen Geldwäsche in einem Auszahlungsfall durchaus in Betracht; ebenso für alle anderen Personen, die mit der Zahlung in Kontakt kommen.

Zudem muss berücksichtigt werden, dass im Falle der Abkürzung des Zahlungsweges die Infektion des Kontos des A unterbleibt und darüber hinaus Abschöpfungsmaßnahmen, die auf der Strafbarkeit nach § 261 StGB basieren und damit zur Potenzierung der Einziehung führen können, in Fällen der reinen Ersparnis ausscheiden. Es ist also in der Bewertung der Strafbarkeit wegen Geldwäsche stets zu beachten, dass eine Einstellung des Strafverfahrens aus Opportunitätsgründen keineswegs die Folgen der rechtswidrigen Tatbestandserfüllung beseitigt. Sie schließt die Einziehung von Vermögensgegenständen nicht aus. Insbesondere ist insofern der neugefasste § 261 Abs. 10 StGB zu berücksichtigen, der ausdrücklich bestimmt, dass auch Bezugsgegenstände der Geldwäsche eingezogen werden können und die erweiterte Einziehung nach § 74a StGB in Betracht kommt.[73]

Wenn also von Vertretern der Strafverfolgungsbehörden im Gesetzgebungsverfahren vorgebracht wurde, die ausufernde Strafbarkeit wegen Geldwäsche sei deswegen praktisch unproblematisch, weil Auswüchsen jederzeit mit einer Einstellung des Verfahrens nach §§ 153, 153a StPO entgegengewirkt werden könne,[74] so vermag das für die Strafbarkeit als solche richtig sein, für die Abschöpfung greift das Argument jedoch offenkundig zu kurz.[75]

d) Probleme des Verbraucherschutzrechts

Erheblichen Umfang und existenzielle Bedeutung für ein Unternehmen können Strafbarkeit und Abschöpfung auch erlangen, wenn die unmittel-

---

73 Vgl. *Fleckenstein* wistra 2023, 45 ff.; ferner *El-Ghazi* GwuR 2022, 49 (53 f.).

74 *Lüblinghaus* Anhörung Rechtsausschuss v. 9.12.2020, Prot. 19/117, S. 17; ferner *Köhler* Stellungnahme, Prot. 19/117, S. 128; Deutscher Richterbund, Stellungnahme, Prot. 19/117, S. 143.

75 *Jahn* bezeichnete diese prozessuale Lösung über die Opportunitätseinstellung daher als *„prozessuale Krücke"*, Anhörung Rechtsausschuss v. 9.12.2020, Prot. 19/117, S. 20; ferner *Jahn* Stellungnahme Prot. 19/117, S. 110; mit deutlichen Beispielen *Fleckenstein* wistra 2023, 45 ff.

bare Inkriminierung von Unternehmenserlösen durch Straftaten in Herstellung oder Vertrieb in Rede steht. So ist etwa das Inverkehrbringen eines bedenklichen Arzneimittels (§ 5 Abs. 1 AMG) nach § 95 Abs. 1, 4 AMG auch dann strafbar, wenn der Täter dabei fahrlässig handelt. Wenn Entscheidungsträger in einem Unternehmen also sorgfaltswidrig nicht erkennen, dass bei einem in den Verkehr gebrachten Arzneimittel nach dem Stand der Wissenschaft der begründete Verdacht besteht, es könnte bei bestimmungsgemäßem Gebrauch schädliche Wirkungen haben, die über ein nach den Erkenntnissen der medizinischen Wissenschaft vertretbares Maß hinausgehen (vgl. § 5 Abs. 2 AMG), kommt eine Strafbarkeit nach § 95 Abs. 1 Nr. 1, Abs. 4 AMG in Betracht. Ebenfalls strafbar und geldwäscherelevant kann der fahrlässig unterlassene Rückruf solcher Arzneimittel sein, wenn aufgrund des fortgesetzten Verkaufs weiterhin Erlöse eingehen. Auch das fahrlässige Abgeben von Arzneimitteln unter Verstoß gegen § 47 Abs. 1 AMG stellt eine taugliche Vortat zur Geldwäsche dar. Aus solchen Handlungen erzielte Erlöse sind grundsätzlich geldwäschetauglich und können das Unternehmensvermögen kontaminieren.

4. Vorsatz und Leichtfertigkeit

Die Geldwäschestrafbarkeit erfordert Vorsatz hinsichtlich der Tathandlung einerseits und Vorsatz oder Leichtfertigkeit andererseits mit Blick auf das Herrühren des Gegenstandes aus einer rechtswidrigen Tat i.S.v. § 11 Abs. 1 Nr. 5 StGB. Dabei ist der Handlungsvorsatz häufig unproblematisch festzustellen. Insofern reicht aus, wenn der Täter sich dessen bewusst ist, dass er einen Gegenstand verbirgt (§ 261 Abs. 1 Nr. 1 StGB), ihn sich oder einem Dritten verschafft (§ 261 Abs. 1 Nr. 3 StGB), verwahrt oder verwendet (§ 261 Abs. 1 Nr. 4 StGB). Gegebenenfalls kann die Feststellung der Absicht, das Auffinden, die Einziehung oder die Ermittlung der Herkunft eines Gegenstandes zu vereiteln, problematisch sein (§ 261 Abs. 1 Nr. 2 StGB). Gleiches gilt für den Vorsatz der Verheimlichung oder der Verschleierung (§ 261 Abs. 2 StGB).

a) Inkriminierungsvorsatz

In der Praxis bereitet dagegen die Feststellung des Inkriminierungsvorsatzes nicht selten Probleme. Nach altem Recht (vor dem 18.3.2021) gehörte hierzu insbesondere, dass der Täter zumindest die Möglichkeit erkannt und billigend in Kauf genommen hatte, dass der Gegenstand nicht aus *irgendeiner* Straftat stammte, sondern aus einer im Katalog des § 261 Abs. 1 S. 2 StGB a.F. genannten Tat. Der Bundesgerichtshof hat die Tatgerichte in diesem Zusammenhang stets ermahnt, dass Tatsachen festgestellt werden müssten, aus denen sich der Vorsatz ergibt, der Angeklagte also die Umstände der Katalogtat zumindest als möglich erkannte und in Kauf nahm. Das bedeutete etwa, dass es nicht ausreichend war, wenn der Angeklagte die Möglichkeit in Betracht zog, der Gegenstand könnte aus *irgendeinem* Betrug herrühren; er musste vielmehr zusätzlich erkannt haben, dass dieser Betrug gewerbsmäßig oder bandenmäßig begangen worden war.[76]

Insofern hatte der Bundesgerichtshof allerdings bereits zur alten Rechtslage festgestellt, was Inkriminierungsvorsatz bedeutete: *„Insoweit reicht es aus, wenn der Täter Umstände kennt oder sich vorstellt, aus denen sich in groben Zügen bei rechtlich richtiger Bewertung, die er nur laienhaft erfasst haben muss, eine Katalogtat als Vortat ergibt (...). Der Vorsatz muss weder den konkreten Vortäter noch die genauen Umstände der Vortat umfassen. Ein Irrtum ist nur dann vorsatzausschließend im Sinne des § 16 Abs. 1 Satz 1 StGB, wenn sich der Täter einen Sachverhalt vorstellt, der keine Katalogtat darstellt (...). Stellt sich der Täter Umstände im Sinne einer anderen Katalogtat als der wirklich begangenen vor, so steht dies seinem Vorsatz nicht entgegen (...).“*[77]

Die Vorsatzfeststellung wurde durch die Ausweitung von § 261 Abs. 1 StGB über den Wegfall des Vortatenkatalogs grundlegend vereinfacht. Es reicht nunmehr aus, wenn das Gericht zu der zweifelsfreien Überzeugung gelangt, der Täter habe die Möglichkeit in Betracht gezogen und sich damit abgefunden, dass der Gegenstand aus irgendeiner rechtswidrigen Tat (§ 11 Abs. 1 Nr. 5 StGB) herrührt. Das reduziert die Feststellungsanforderungen erheblich, wenn auch weiterhin erforderlich ist, dass der Täter der Geldwäsche sich überhaupt Gedanken über die Herkunft eines Gegenstandes gemacht hat. Wer sich nämlich mit der Frage nach der Herkunft eines Gegenstandes nicht befasst hat, kann auch keinen Vorsatz hinsichtlich einer Inkriminierung gebildet haben.[78]

---

76 Vgl. nur BGH Beschl. v. 23.8.2012 – 2 StR 42/12, wistra 2013, 19; Urt. v. 29.4.2021 – 5 StR 339/20 Rn. 13 ff., NZWiSt 2021, 360 (361 f.) m.Anm. *Bittmann*; weiterführend *Schützeberg* GwuR 2021, 81 f.

77 BGH Beschl. v. 26.7.2018 – 3 StR 627/17, Rn. 20, wistra 2019, 235.

78 Vgl. BT-Drs. 19/24180, S. 36.

b) Leichtfertiges Verkennen der Inkriminierung und prozessuale Folgen

Der Ausschluss dieses Vorsatzes führt jedoch nach § 261 Abs. 6 StGB nicht zwangsläufig zur Straffreiheit. Vielmehr ist auch die Begehung einer der in § 261 Abs. 1 und 2 StGB genannten Handlungen strafbar, wenn der Täter leichtfertig nicht erkennt, dass es sich um einen inkriminierten Gegenstand handelt, mit dem er umgeht. Dieser Begriff der Leichtfertigkeit ist nach der Rechtsprechung des Bundesgerichtshofs „vorsatznah" auszulegen.[79] Das entspricht wohl auch dem im Gesetzgebungsverfahren betonten Ansatz, mit der Vorschrift Fälle vermeintlicher Beweisnot zu erfassen. Sie entsteht, wenn das Gericht sich nicht die notwendige Überzeugung von der Kenntnis des Täters verschaffen kann, sich die Inkriminierung jedoch aufdrängt.[80]

Leichtfertig handelt der Täter der Geldwäsche demnach, wenn sich aufgrund objektiver Umstände des Einzelfalls die Herkunft des Gegenstandes aus einer rechtswidrigen Tat i.S.v. § 11 Abs. 1 Nr. 5 StGB aufdrängt, sie also so naheliegt, dass eine legale Herkunft sehr unwahrscheinlich ist und sich die Unkenntnis praktisch nur dadurch erklären lässt, dass der Täter sich der besseren Erkenntnis verschlossen hat.[81] Leichtfertigkeit liegt also vor, wenn die (behauptete) Unkenntnis auf Tatsachenblindheit aufgrund schwerwiegender Sorglosigkeit basiert.

In der Praxis der Strafverfolgung ist diese Variante deswegen so problematisch, weil sie durch die materiellrechtliche Lösung eines prozessualen Problems[82] den Raum für strafrechtliche Ermittlungsverfahren verschiebt: Sind zur Einleitung eines Strafverfahrens wegen vorsätzlicher Geldwäsche tatsächliche Anhaltspunkte für den Vorsatz des Täters hinsichtlich der Inkriminierung erforderlich,[83] so reicht für die Verfolgung von Leichtfertigkeitsdelikten im Ergebnis schon der Verdacht aus, dass sich aufgrund der objektiven Lage die Möglichkeit der Inkriminierung aufdrängte. Es verschiebt sich damit nicht nur die materielle Grundlage von Anklage und

---

79 BGH Beschl. v. 10.1.2019 – 1 StR 311/17, Rn. 7, NZWiSt 2019, 393 (394) m.Anm. *Raschke*; eingehend zur Leichtfertigkeit OLG Karlsruhe Urt. v. 7.6.2016 – 2 (5) Ss 156/16, NZWiSt 2016, 395.

80 Vgl. BT-Drs. 12/989, S. 27.

81 *Neumann* ZjS 2022, 820, (827); instruktiv hierzu OLG Karlsruhe Urt. v. 7.6.2016 – 2 (5) Ss 156/16, NZWiSt 2016, 395 ff. m.Anm. *Floeth* zum § 261 Abs. 5 StGB a.F.; eingehend *Bülte* ZWH 2016, 377 ff.

82 Vgl. *Bülte* JZ 2014, 603.

83 Zu den geringen Anforderungen an den Anfangsverdacht im Strafverfahren MüKo-StPO/*Peters* 1. Aufl. 2016, § 152 Rn. 34 ff.

Urteil, sondern auch die Verdachtsgrundlage jeder Ermittlungshandlung wegen Geldwäsche.

Wenn im Gesetzgebungsverfahren ein Weg eröffnet werden sollte, um über die Leichtfertigkeitsvariante auch diejenigen bestrafen zu können, von deren Vorsatz sich das Gericht nicht hinreichend sicher überzeugen kann, so führt das zum einen zur Vorverlagerung der Strafbarkeit auf Verdachtsfälle und zum anderen zu Ermittlungen wegen des Verdachts der sich objektiv aufdrängenden Kenntnis von der Inkriminierung. Diese Kombination der Leichtfertigkeit mit dem Wegfall des Vortatenkatalogs und dem extensiven Begriff des Anfangsverdachts eröffnet die Möglichkeit zu Ermittlungen wegen Geldwäsche im weitesten Kontext einer jeden Straftat, die in irgendeiner Weise Vermögenswerte hervorgebracht haben könnte.

Die drohende Expansion der Strafverfolgung wegen Leichtfertigkeit war der Grund, aus dem die Leichtfertigkeitsvariante im Referentenentwurf zur Reform des § 261 StGB aus dem Bundesministerium für Justiz und Verbraucherschutz nicht mehr enthalten war; quasi als Ausgleich für den All-Crimes-Ansatz. Diese Beschränkung hätte möglicherweise zu Schwierigkeiten bei den Ermittlungsbehörden geführt – die deswegen auch vehement dagegen protestierten[84] – hätte aber einen erheblichen Fortschritt in Sachen Rechtssicherheit und Rechtsstaatlichkeit, insbesondere im Unternehmenskontext, bedeutet.

III. Prozessuale Folgen

Auch wenn die Vertreter der Strafverfolgungsbehörden im Gesetzgebungsverfahren immer wieder betont haben, es bestehe keine Gefahr einer ausufernden Strafverfolgung im Kontext der Geldwäsche, weil die Staatsanwaltschaften den Straftatbestand mit Augenmaß anwenden und unverhältnismäßige Verfahren vermeiden würden, so zeigen sich in der Praxis doch gelegentliche Auswüchse und deuten sich Gefahren an.

---

84 So z.B. *Lüblinghoff* Anhörung Rechtsausschuss v. 9.12.2020, Prot. 19/117, S. 12, 17; *Ruhland* ebenda, S. 13.

1. Praxis der Strafverfolgung

Am 12.3.2021 berichtete das Internetportal heise-online[85] darüber, dass die Zentralstelle für Wirtschaftsstrafsachen der Staatsanwaltschaft Koblenz gegen Käufer von Lizenzschlüsseln für Computerprogramme wegen Verstößen gegen Urheberrecht und leichtfertiger Geldwäsche ermittele. Hintergrund war, dass diese Computernutzer im Verdacht standen, im Internet Schlüssel für Software zu einem sehr günstigen Preis erworben zu haben, diese Schlüssel aber nicht mit einer Lizenz hinterlegt gewesen seien, sodass die Nutzung der Software gegen Urheberrecht verstoßen habe. Für den durchschnittlichen Käufer war diese mangelnde Berechtigung aus dem Computerprogramm selbst kaum erkennbar. Allerdings erhob die Staatsanwaltschaft in den Strafverfahren den Vorwurf der Leichtfertigkeit; die Erwerber hätten aufgrund des geringen Preises erkennen müssen, dass es sich nicht um einen rechtlich einwandfreien Erwerb der Lizenz handeln könne.

Nach Auskunft der Staatsanwaltschaft Koblenz gegenüber heise-online wurden die Informationen über den Erwerb durch Strafverfahren gegen die Verkäufer der Schlüssel erlangt. Insgesamt handele es sich um eine „niedrige 5-stellige Zahl“ von Strafverfahren. Abgesehen davon, dass in solchen Fällen ein Anfangsverdacht zweifelhaft ist, machen sie deutlich, dass von der Strafverfolgung wegen Geldwäsche jeder Mensch auch in vermeintlichen Alltagssituationen mit Bagatellcharakter betroffen sein kann. Die Unbedarftheit führt in das Risiko der Strafverfolgung. Diese Anwendung des § 261 StGB zeigt exemplarisch die Ausuferung des Strafrechts auf. Es geht hier nicht mehr um die Verfolgung sozialschädlicher Handlungen, die Kriminalstrafe rechtfertigen würden.

Bislang sind solche Verfolgungsexzesse noch Ausnahmen. Die Staatsanwaltschaften scheinen das Geldwäschestrafrecht vielfach noch mit Augenmaß und vor dem Hintergrund des Verhältnismäßigkeitsgrundsatzes vorsichtig anzuwenden. Es ist allerdings damit zu rechnen, dass die Strafverfolgungsbehörden die Geldwäschestrafbarkeit in Zukunft mehr und mehr als „Türöffner“ für die Verfolgung anderer Straftaten[86] und vor allem zur Abschöpfung benutzen, insbesondere um dem politischen Vorwurf der

85 https://www.heise.de/news/Staatsanwaltschaften-ermitteln-bei-extrem-guenstigen-Software-Lizenzen-5078866.html (abgerufen am 9.3.2023).

86 Vgl. *Gazeas* NJW 2021, 1041 (1043) m.w.N.

Tatenlosigkeit und ggf. dem Risiko einer eigenen Strafverfolgung wegen Strafvereitelung durch Unterlassen zu entgehen.[87]

2. Doppelter Anfangsverdacht bei Ermittlungen wegen Geldwäsche

Das Bundesverfassungsgericht[88] musste sich in der Vergangenheit mit der Frage befassen, unter welchen Bedingungen ein Durchsuchungsbeschluss wegen des Verdachts der Geldwäsche erlassen werden darf. In ihren Entscheidungen zu Ermittlungsmaßnahmen wegen § 261 StGB haben manche Gerichte in der Vergangenheit nämlich nur eine unvollständige Prüfung des für die Durchsuchung notwendigen Verdachts der Straftat durchgeführt.

a) Doppelter Anfangsverdacht nach altem Recht (Katalogvortat)

In den Entscheidungen des Zweiten Senats ging es um die Frage, welche tatsächlichen Anhaltspunkte der Erlass eines Durchsuchungsbeschlusses wegen Geldwäsche voraussetzt. Hier hatten sich die erkennenden Gerichte in den zur Überprüfung gestellten Entscheidungen darauf beschränkt, den Anfangsverdacht einer Geldwäschehandlung festzustellen und darüber hinaus die Frage nach den notwendigen Verdachtsmomenten mit Blick auf die Vortat mehr an den Anforderungen an eine (verwaltungsrechtliche) Geldwäscheverdachtsmeldung nach § 43 GwG als an einem strafprozessualen Anfangsverdacht i.S.d. § 102 StPO zu messen.[89]

Das Bundesverfassungsgericht hat insofern deutlich gemacht, dass die Voraussetzungen, unter denen ein nach § 2 GwG Verpflichteter eine Geldwäscheverdachtsmitteilung nach § 43 GwG erstatten muss, deutlich geringer sind als diejenigen, die ein Durchsuchungsbeschluss verlangt und nicht

87 Vgl. nur Diehl/Siemens, Spiegel-online v. 9.9.2021, „Mutmaßliche Strafvereitelung von Zoll-Spezialeinheit – Razzia im Finanzministerium", https://www.spiegel.de/panorama/justiz/bundesfinanzministerium-razzia-wegen-mutmasslicher-strafvereitelung-von-zoll-spezialeinheit-a-25c8ba14-0219-4926-b4ea-f442dc3d274c (abgerufen am 9.3.2023).

88 BVerfG Beschl. v. 31.1.2020 – 2 BvR 2992/14, Rn. 45, NJW 2020, 1351 (1352 f.); Beschl. v. 3.3.2021 – 2 BvR 1746/18, NJW 2021, 1452 (1453 f.); vgl. auch Beschl. v. 7.5.2020 – 2 BvQ 26/20, NJW 2020, 2391 (2393).

89 Vgl. BVerfG Beschl. v. 3.3.2021 – 2 BvR 1746/18, Rn. 59, NJW 2021, 1452 (1454); Beschl. v. 19.4.2023 – 2 BvR 2180/20.

auf das Strafprozessrecht übertragen werden dürfen.[90] Eine Geldwäscheverdachtsmitteilung ist nämlich nach § 43 Abs. 1 Nr. 1 GwG bereits dann zu erstatten, wenn der Verpflichtete tatsächliche Anhaltspunkte dafür sieht, dass der Gegenstand einer Transaktion oder eines anderen Geschäfts aus einer Straftat herrühren könnte. In der behördlichen[91] und gerichtlichen Praxis werden zudem noch deutlich geringere Anforderungen gestellt als nach dem Gesetz. In der Rechtsprechung wird eine Pflicht zur Verdachtsmeldung bereits angenommen, wenn eine Transaktion, mit der ein Verpflichteter in Kontakt kommt, nach seinem beruflichen Erfahrungswissen ungewöhnlich ist und daher eine illegale Herkunft eines für die Transaktion oder eines geschäftsrelevanten Gegenstandes nicht ausgeschlossen werden kann.[92] Demnach löst nicht der Verdacht einer Geldwäsche, sondern die berufliche Erfahrung des Ungewöhnlichen den Verdacht aus. Diese Auslegung des § 43 Abs. 1 GWG contra legem wird den praktischen Notwendigkeiten der Geldwäschebekämpfung gerecht, weil die Vielzahl der Verpflichteten gar nicht in der Lage ist, eine gegebenenfalls komplizierte strafrechtliche Bewertung durchzuführen.[93]

§ 43 GwG darf aber angesichts seiner ausschließlichen Ausrichtungen an der Gefahrenabwehr nicht zur Grundlage einer Strafverfolgungsmaßnahme werden. Das Bundesverfassungsgericht hat daher insofern an die Feststellungen zur illegalen Herkunft, also Geldwäschetauglichkeit des aufgefundenen Vermögens, strafprozessuale Anforderungen gestellt: Es ist erforderlich, dass auch mit Blick auf die mögliche Vortat nach kriminalistischer Erfahrung nicht auszuschließen ist, dass eine bestimmte Straftat, auf die konkrete Tatsachen hindeuten müssen, begangen worden ist und aus dieser das Tatobjekt der Geldwäsche stammen könnte.[94]

Das Bundesverfassungsgericht hatte diese Entscheidung allerdings noch zum alten Recht getroffen und daher insofern höhere Anforderungen stellen müssen und können als es nicht ausreichend war, wenn die kriminalistische Erfahrung auf *irgendeine* Straftat hindeutete. Vielmehr war es erfor-

---

90 BVerfG Beschl. v. 3.3.2021 – 2 BvR 1746/18, Rn. 59, NJW 2021, 1452 (1454); vgl. auch *Hauler/Höffler/Reisch* wistra 2023, 265 ff.

91 Bundesanstalt für Finanzdienstleistungsaufsicht (BaFin), Auslegungs- und Anwendungshinweise zum Geldwäschegesetz, Oktober 2021, S. 73.

92 OLG Frankfurt a.M. Beschl. v. 10.4.2018 – 2 SS-Owi 1059/17, NStZ 2020, 173, (174 ff.); m. abl. Anm. *Baretto da Rosa*; ferner krit. *Peukert* NZWiSt 2019, 223 ff.; *Reichling* wistra 2019, 164 ff.

93 Zu dieser Ersetzungsheuristik *Bülte*, Stellungnahme, Prot. 19/117, S. 47.

94 BVerfG Beschl. v. 3.3.2021 – 2 BvR 1746/18, NJW 2021, 1452 Rn. 60 ff.

derlich, um ein Durchsuchungsbeschluss wegen Geldwäsche zu erlassen, dass das über die Ermittlungsmaßnahme entscheidende Gericht konkrete Anhaltspunkte für die Begehung einer Geldwäschevortat aus dem Katalog feststellen konnte.[95]

b) Doppelter Anfangsverdacht nach neuem Recht (All crimes Ansatz)

Hier stellt sich nun die Frage, ob und wie sich diese Anforderungen mit Blick auf den Wegfall des Vortatenkatalogs geändert haben könnten. Es könnte nun bei Ermittlungen wegen Taten nach dem 18.3.2021 nicht mehr darauf ankommen, dass eine konkrete Vortat benannt werden kann, sondern ausreichend ist, dass irgendeine illegale Herkunft denkbar ist. Das LG Lübeck[96] hat den Anforderungen an den Geldwäschestraftatverdacht – allerdings noch zur alten Gesetzesfassung – in einem Beschwerdeverfahren gewisse Konturen verliehen:

Es sei *„jedenfalls die Angabe von Verdachtstatsachen in Bezug sowohl auf die rechtswidrige Vortat als auch auf die Verschleierungshandlung („doppelter Tatverdacht") im Durchsuchungsbeschluss erforderlich."*

Ein Dursuchungsbeschluss, der keine Tatsachen angibt, die auf die Tat hindeuten, aus der die geldwäschetauglichen Vermögenswerte stammen könnten, sei bereits formell rechtswidrig. Wenn das Amtsgericht lediglich auf „Finanzstraftaten" als potenzielle Vortaten hinweise, sei das unzureichend, weil so eine Subsumtion von Tatsachen unter einen potenziellen Tatbestand einer Vortat nicht möglich sei. Eine Ermittlungsanordnung müsse ein bestimmtes Verhalten umschreiben, auf das sich der Verdacht beziehe, es könne sich um eine Vortat handeln.

Das weckt die Hoffnung, dass zumindest dieses Landgericht auch nach dem Wegfall des Vortatenkatalogs in § 261 Abs. 1 StGB noch hinreichende Anhaltspunkte und die Nennung konkreter Umstände verlangt, die auf eine bestimmte Straftat als Vortat der Geldwäsche hindeuten. Dabei stützt sich die Kammer auf die formalen Anforderungen an einen Durchsuchungsbeschluss: Das überzeugt, weil sich auch bei Durchsuchungsbeschlüssen in anderer Sache kein Gericht mit dem Hinweis zufriedengeben dürfte, der Täter stehe im Verdacht irgendeine Straftat begangen zu haben, welche

---

95 *Bülte* in Rotsch (Hrsg.), Criminal Compliance, Handbuch, 2015, § 29 Rn. 132 ff.

96 LG Lübeck Beschl. v. 25. 8. 2022 – 6 Qs 20/22 Rn. 28; ferner BVerfG Beschl. v. 19.4.2023 – 2 BvR 2180/20 Rn. 32.

werde man bei der Vollstreckung des Beschlusses noch herausfinden. Die Ermittlungshandlung darf nicht der Verdachtsbegründung dienen.[97]

3. Besondere Abschöpfungsmöglichkeiten (§ 76a StGB)

Doch ist das Interesse der Strafverfolgungsbehörden an der Eröffnung von Strafverfahren wegen Geldwäsche mit Blick auf die Folgen für die Einziehung nur zu verständlich.

a) Geldwäschestrafverfahren als Türöffner zur selbständigen erweiterten Einziehung

Denn mit der Neufassung von § 261 StGB geht eine erhebliche Ausweitung von § 76a Abs. 4 StGB einher. Nach dieser Vorschrift soll ein Gegenstand, der in einem Verfahren wegen des Verdachts einer in § 76a Abs. 4 S. 3 StGB genannten Straftat sichergestellt wurde, einschließlich seiner Nutzungen auch dann selbständig eingezogen werden, wenn der Gegenstand aus (irgend-)einer rechtswidrigen Tat herrührt und der von der Sicherstellung Betroffene nicht wegen der ihr zugrunde liegenden Straftat verfolgt oder verurteilt werden kann.[98] Im Katalog des § 76a Abs. 4 S. 3 StGB ist die Geldwäsche in Nr. 1 lit. f) genannt.[99]

Die Vorschrift öffnet damit in praktisch allen Strafverfahren den Weg zur selbständigen Einziehung von Vermögen unbekannter Herkunft.[100] Wird nämlich im Rahmen eines Strafverfahrens, das auch wegen Geldwäsche geführt wird, ein Vermögensgegenstand sichergestellt, so kann dieser – selbst wenn sich keinerlei Straftatverdacht erhärten sollte – nach den Regeln des § 437 StPO eingezogen werden.[101] § 261 StGB wird somit über den All-Crimes-Ansatz zum Türöffner für die selbständige Einziehung in jeder Art von Strafverfahren. Das lädt zur Einleitung von Strafverfahren wegen Geldwäsche ausschließlich zu Abschöpfungszwecken ein.

---

97 BVerfG Beschl. v. 3.3.2021 – 2 BvR 1746/18 Rn. 56, 60, NJW 2021, 1452 (1453 f.).

98 Das gilt insbesondere in Verjährungsfällen, vgl. *Rönnau* ZGR 2022, 781 (790); ferner *Korte* FS Dannecker, 2023, S. 891 ff.; *Rönnau* FS Dannecker, 2023, S. 913 (916 f).

99 Anschaulich *Reisch* JuS 2023, 207 (211).

100 Vgl. *El-Ghazi/Laustetter* NZWiSt 2021, 209 (215).

101 Eingehend und kritisch hierzu *Meyer* StV 2017, 343 (346 ff.); ferner *Rönnau* ZGR 2022, 781 (791 ff.).

b) Die Einziehung von Vermögen unbekannter Herkunft

Der Blick in die Begründung des Entwurfs zur Reform der strafrechtlichen Vermögensabschöpfung[102] macht die Funktionsweise des § 76a Abs. 4 StGB deutlich:

> *„Die Regelung ermöglicht es, Vermögen unklarer Herkunft unabhängig vom Nachweis einer konkreten rechtswidrigen Tat (selbständig) einzuziehen, wenn das Gericht davon überzeugt ist (vgl. dazu § 437 StPO-E), dass der sichergestellte Gegenstand aus (irgend-)einer rechtswidrigen Tat herrührt. Es ist mithin nicht erforderlich, dass die Tat im Einzelnen festgestellt wird; an die Überzeugung dürfen keine überspannten Anforderungen gestellt werden. [...]*
> *§ 76a Absatz 4 StGB-E ergänzt für schwere Straftaten aus dem Bereich des Terrorismus und der organisierten Kriminalität das bestehende Abschöpfungsinstrumentarium und trägt damit einem kriminalpolitischen Bedürfnis Rechnung. Verfahrensrechtlich flankiert wird die Vorschrift von § 437 StPO-E (vgl. oben A.II.7.d). [...]*
> *Für die Auslegung des Tatbestandsmerkmals „Herrühren" kann die Strafrechtspraxis auf die Rechtsprechung zu § 261 StGB zurückgreifen. Der Begriff ist danach weit auszulegen. Es genügt, wenn bei wirtschaftlicher Betrachtungsweise zwischen dem Gegenstand und der Vortat ein Kausalzusammenhang besteht, wenn also der Gegenstand seine Ursache in der rechtswidrigen Tat hat."*

Diese Begründung macht eine ganze Reihe von Problemen deutlich, die im Zusammenhang zwischen § 261 StGB und § 76a Abs. 4 StGB durch die Neufassung entstanden sind. Bereits die Aufnahme von § 261 Abs. 1 und Abs. 2 StGB in der neuen Fassung in den Katalog des § 76a Abs. 4 StGB stellt einen Bruch mit der gedanklichen Basis dieser Vorschrift dar. Aus der Begründung des Gesetzesentwurfes ergibt sich, dass die erweiterte Einziehung in selbständigen Einziehungsverfahren ein Instrument der Bekämpfung *„des Terrorismus und der organisierten Kriminalität"* sein und in diesem Zusammenhang als besonderes Abschöpfungsinstrument zum Einsatz kommen sollte.

Dass die Strafbarkeit nach § 261 StGB mittlerweile aus ihrem originären Kontext schwerer oder gar organisierter Kriminalität gelöst wurde, bestrei-

102 BT-Drs. 18/9525, S. 73.

tet heute niemand mehr.[103] Die hinter der Neufassung des § 76a Abs. 4 StGB stehende Konzeption setzt damit ein Instrument zur Bekämpfung schwerster Formen der Kriminalität ohne eigenständige Begründung oder – soweit erkennbar – hinreichende Würdigung der entstehenden Friktionen zur Bekämpfung von Bagatellkriminalität ein. Das weckt Bedenken mit Blick auf den Grundsatz der Verhältnismäßigkeit:

Die Möglichkeit der Einziehung von Vermögen unbekannter Herkunft wird faktisch auf jede Form der Kriminalität ausgeweitet, obwohl die Gesetzesänderungen, die dies ermöglichen, als Maßnahmen gegen organisierte Kriminalität etikettiert sind. Diese Zweckentfremdung ist insbesondere deswegen so problematisch, weil sich mit Blick auf Redebeiträge von Entscheidungsträgern im Deutschen Bundestag der Eindruck aufdrängt,[104] man habe diejenigen, die dem Gesetz dort zugestimmt haben, zumindest darüber im Unklaren gelassen, welche Nebenwirkungen die Neuregelung haben kann.

Doch lässt bereits die Entwurfsbegründung zu § 76a Abs. 4 StGB i.V.m. § 437 StPO den Anspruch des Gesetzesentwurfs, ein Instrument gegen schwere Straftaten zu schaffen,[105] zur Makulatur werden. Denn die Urheber des Entwurfs betonen, es komme nicht darauf an, dass konkrete Straftaten als Ursprung von Vermögensgegenständen festgestellt werden könnten, zudem dürften auch an die Überzeugung von der illegalen Herkunft *„keine überspannten Anforderungen“* gestellt werden. Abgesehen von der Leerformel vom Verbot „überspannter Anforderungen“ – in welchem Fall sollten überspannte Anforderungen je zulässig gewesen sein? – löst sich die Entwurfsbegründung von strafrechtlichen Grundsätzen und postuliert in der Strafprozessordnung zivilrechtliche Überzeugungsanforderungen.[106] Gewollt war anfangs sogar eine Beweislastumkehr.[107]

Die Vorschrift bestimmt, dass das Gericht bei einer Entscheidung über die selbständige Einziehung nach § 76a Abs. 4 StGB seine Überzeugung von der rechtswidrigen Herkunft eines Gegenstandes insbesondere auf ein grobes Missverhältnis zwischen dem Wert des Gegenstandes und den rechtmäßigen Einkünften des Betroffenen stützen kann. Darüber hinaus kann es

---

103 Vgl. nur *Hecker* in Schönke/Schröder, StGB, 30. Aufl. § 261 Rn. 2 m.w.N.

104 Vgl. Fn. 19 und 22.

105 Diesen Konnex betonen noch *Köhler/Burkhard* (NStZ 2017, 665 [671]).

106 Dazu *Kraushaar* NZWiSt 2019, 288; ferner *El-Ghazi/Marstaller/Zimmermann* NZWiSt 2021, 297 (304).

107 Eingehend hierzu *Meyer* NZWiSt 2018, 246, (248); ferner *Kraushaar* NZWiSt 2019, 288, (291).

bei seiner Entscheidung insbesondere berücksichtigen: das Ergebnis der Ermittlungen zu der Tat, die Anlass für das Verfahren war, die Umstände, unter denen der Gegenstand aufgefunden und sichergestellt worden ist, sowie die ansonsten persönlichen und wirtschaftlichen Verhältnisse des Betroffenen.

Diese Regelung verstanden ihre Urheber dahingehend, dass sich das Verfahren an zivilrechtlichen Darlegungs- und Beweislastregeln orientiere, weil es sich um ein Verfahren handle, dass sich nicht gegen eine Person, sondern gegen die Sache („ad rem") richtet.[108] Diese Form der Einziehung habe keinen Strafcharakter, sodass der Eingriff verfassungsrechtlich nur nach Art. 14 GG zu beurteilen sei. Trage daher die Staatsanwaltschaft in ihrem Einziehungsantrag beweisbare Tatsachen vor, die insbesondere mit Blick auf das Kriterium des Missverhältnisses in § 437 Abs. 1 Satz 1 StPO den Schluss auf die deliktische Herkunft des sichergestellten Gegenstandes zulasse, so werde das Gericht in der Regel die Einziehung anordnen, *„es sei denn, der Betroffene bestreitet als Einziehungsbeteiligter substantiiert die deliktische Herkunft und bietet entsprechenden Beweis an"*. Der Beteiligte im Verfahren der selbständigen Einziehung könne daher die Einziehung in aller Regel nicht mit bloßem Schweigen oder Bestreiten mit Nichtwissen abwenden.[109]

Damit wird deutlich, dass die Ausweitung auf die Einziehung von Vermögen unklarer Herkunft abzielt. Bereits weit vor dem Gesetzgebungsverfahren zur Reform des Abschöpfungsrechts war das mit Blick auf die Geldwäsche bestehende praktische Problem virulent, dass man oftmals verdächtige Vermögensgegenstände aufgefunden hat, diese aber keinen konkreten Geldwäschevortaten zuordnen konnte.[110] Unter anderem um hier die Nachweisprobleme zu beseitigen, wurde § 76a Abs. 4 StGB geschaffen.[111]

Man kann der Begründung des Gesetzesentwurfes einiges entgegenhalten: Die Anwendung zivilrechtlicher Darlegungs- und Beweisregeln kommt im Gesetz nicht zum Ausdruck[112] und ist nicht damit vereinbar, dass in diesem Entwurf noch ein § 437 Abs. 2 StPO enthalten war, der ausdrücklich auf die Geltung von § 261 StPO verwies und gestrichen wurde: Der

108 BT-Drs. 18/9525, S. 93.

109 Vgl. auch AG Nürtingen Beschl. v. 21.6.2019 – 16 Ds 211 Js 53509/17, BeckRS 2019, 15406 Rn. 15.

110 Vgl. nur die Nachweise bei *Kraushaar* NZWiSt 2019, 288.

111 Vgl. BT-Drs. 18/9525, S. 93.

112 So zutreffend *El-Ghazi/Marstaller/Zimmermann* NZWiSt 2021, 297, (304).

Hinweis auf die freie Beweiswürdigung sei überflüssig.[113] Warum sollten zudem bei einem Eingriff in das verfassungsrechtlich geschützte Eigentum stets zivilrechtliche Verfahrensregeln zur Anwendung kommen? Die Überlegung dazu, dass sich das Verfahren nicht gegen eine Person, sondern gegen eine Sache richtet, überzeugt ebenfalls nicht. Selbst im profanen Steuerverfahren, bei dem es typischerweise nur um die Festsetzung von Zahlungsansprüchen geht, gelten keine zivilrechtlichen Beweisregeln.

IV. Geldwäschecompliance auch im Medizinsektor

Und doch helfen auch gute Argumente nicht weiter, wenn eine Verfassungsjudikatur die Vermögensabschöpfung von verfassungsrechtlichen Grenzen weitgehend befreit[114] und die Begründung des ministeriellen Entwurfs eines Gesetzes als Wille des Gesetzgebers missverstanden wird. Das von den Folgen einer gescheiterten Bekämpfung vermeintlicher Geldwäsche[115] durch Strafrecht und Abschöpfung betroffene Unternehmen muss sich den hier entstehenden Gefahren von Strafbarkeit und Strafverfolgung stellen und zu diesem Zweck Systeme und Regeln zur Erkennung, Analyse und Vermeidung von Risiken entwickeln. Dabei dienen Compliancemaßnahmen zum einen dazu, sich vor dem Kontakt mit inkriminiertem Vermögen zu schützen und zum anderen dazu, um im Krisenfall belegen zu können, dass alles getan wurde, um die eigene Beteiligung an Straftaten und den Umgang mit geldwäschetauglichem Vermögen zu verhindern.

113 BT-Drs. 18/11640, S. 89; vgl. auch Meyer StV 2017, 343 (346).

114 BVerfGE 156, 354 ff.; m. abl. Anm. *Asholt* JZ 2021, 473; *Bauerkamp* JR 2022, 89; *Bülte* NZWiSt 2021, 203 ff.; *Lenk* NJW 2021, 1231 f.; *Lindemann/Bauerkamp* wistra 2021, 479 ff.; *Lorenzen* DVBl. 2021, 1168 ff.; *Reichling/Lange/Borgel* NStZ 2021, 417 f.; *Rübenstahl/Weißbeck* ZHW 2021, 274 ff.; *Schilling/Corsten/Hübner* wistra 2021, 174; *Schnabelrauch* NZWiSt 2022, 425 ff.; zustimmend *Sachs* JuS 2021, 1204; *Weinbrenner* NStZ 2022, 65 ff.; instruktiv *Maciejewski* wistra 2020, 441 ff.; *Muckel* JA 2021, 698.

115 Vgl. nur *Fischer* (Rn. 6) § 261 Rn. 9; *Bittmann* ZWH 2021, 157f.; ferner *Bülte* in Joecks/Jäger/Randt (Rn. 32) § 261 Rn. 2 m.w.N.; *El-Ghazi* in Herzog (Rn. 13) § 261 StGB Rn. 11.

1. Unternehmen: Obliegenheit zur Geldwäschecompliance

Die Geldwäschecompliance wird auf diese Weise zur Fortsetzung der Compliance gegen Korruption, Verbrauchertäuschung, Produkthaftung, Kapitalmarktrechtsverstöße, Verletzungen von Außenwirtschaftsrecht etc. Das macht deutlich, warum nicht nur Unternehmen, die ausdrücklich in § 2 GwG als Verpflichtete genannt sind, wie Finanzdienstleister, Versicherungsgesellschaften, Unternehmen im Immobiliensektor, Güterhändler oder Rechtsberatungsberufe, Geldwäschecompliance betreiben sollten. Vielmehr gilt dies auch für alle anderen Unternehmen. Hier mag es keine gesetzliche Pflicht geben, standardisierte und funktionsfähige Verfahren zur Verhinderung von Geldwäsche und zur Vermeidung des Kontakts mit inkriminierten Vermögen im Unternehmen zu entwickeln und effektiv umzusetzen. Aber aus der Gefahr einer Infektion des Unternehmensvermögens folgt eine entsprechende Obliegenheit.[116]

Wer das Risiko bei seiner geschäftlichen Tätigkeit in Kontakt mit illegalen Vermögen zu kommen, rechtzeitig evaluiert, Verfahren zur Entdeckung von Risiken im Unternehmen implementiert und effektive Maßnahmen zur Vermeidung solcher Risiken dokumentiert, wird in einem Strafverfahren, aber auch den immer wieder auftauchenden zivilrechtlichen Haftungsverfahren[117] deutlich bessere Chancen haben, negative Folgen für Personal und Unternehmen abzuwenden. Wer dagegen nach einem Blick in das Geldwäschegesetz zum Ergebnis kommt, er sei nicht verpflichtet bei der Bekämpfung der Geldwäsche mitzuwirken und daher nicht bereit ist, sich über die Risiken zu informieren und sich darauf einzustellen, setzt sein Unternehmen und alle Menschen, die dort arbeiten, einem unkalkulierbaren existenziellen Risiko aus.

2. Geldwäschecompliance in der Beratung

Die Neufassung von § 261 StGB stellt insbesondere die Steuerberatung und Anwaltschaft vor ein zentrales Problem, das unter der Geltung des alten Rechts bereits Gegenstand einer Entscheidung des Bundesgerichtshofs[118]

---

116 Vgl. hierzu auch *Krais* ZfU 2022, 53 ff.

117 Vgl. nur OLG Dresden Beschl. v. 5.2.2020 – 4 U 418/19, ZInsO 2020, 671.

118 BGH Urt. v. 4.2.2010 – 1 StR 95/09, BGHSt 55, 36 (55); ebenso AG Cloppenburg, Urt. v. 13.02.2021 – 3 Cs 132/20, wistra 2021, 495 f. m.Anm. *Reichling*.

gewesen ist. Während die Strafverteidigung durch die Grundsatzentscheidung des Bundesverfassungsgerichts aus dem Jahr 2003[119] für den Fall der Annahme von Verteidigerhonorar aus der Strafbarkeit ausgenommen wurde, sofern der Verteidiger nicht sicheres Wissen von der illegalen Herkunft des Vermögens hat,[120] gab es zur Situation anderer Berater keine klare Stellungnahme.

Nach dem Wortlaut des Gesetzes ist davon auszugehen, dass der Rechtsberater, der nicht in der Strafverteidigung tätig ist, auch dann eine strafbare Geldwäsche begehen kann, wenn er Honorar entgegennimmt, obwohl er die Möglichkeit einer Inkriminierung erkennt und billigend in Kauf nimmt. Darüber hinaus kommt auch dann eine Strafbarkeit in Betracht, wenn er Vermögen als Honorar entgegennimmt, das aus einer Straftat herrührt und er dies leichtfertig verkannt hat.[121]

Das führt zu einem grundlegenden Problem, soweit ein Rechtsberater „am Rande" der Verteidigung tätig ist. Denkbar wäre etwa, dass eine Rechtsanwaltskanzlei eine interne Untersuchung durchführt, um einen Sachverhalt aufzuklären, der möglicherweise strafrechtlich relevant ist oder ein Rechtsanwalt einen Mandanten in einem Schadenersatzprozess im Zusammenhang mit einer möglicherweise strafbaren Handlung vertritt.

Insbesondere im letzteren Fall liegt die Gefahr einer Infektion des Vermögens des Mandanten und der Unmöglichkeit, den Rechtsanwalt mit „sauberem" Geld zu bezahlen, auf der Hand. Verwehrt man diesem Rechtsanwalt die Honorarannahme, so kann der Mandant sich zumindest vor dem Landgericht nicht mehr gegen den geltend gemachten Anspruch verteidigen, weil er ohne Anwaltszulassung nicht postulationsfähig ist. Eine Lösung des Dilemmas über Prozesskostenhilfe könnte zu dem Problem führen, dass der Beklagte über ausreichendes Vermögen verfügt und er dann geltend machen müsste, dass sein Rechtsanwalt sich der Gefahr der Geldwäsche aussetzt, weil er selbst eine Straftat begangen haben könnte, die sein Vermögen infiziert.

Es ist abzuwarten, ob der Bundesgerichtshof in diesen Fällen das sogenannte Verteidigerprivileg auch auf andere Rechtsberater ausweiten wird,

---

119 BVerfG Urt. v. 30.3.2004 – 2 BvR 1520/01, BVerfGE 110, 226 (263 ff.).

120 Das gilt allerdings nicht bei anderweitigem Umgang mit Mandantengeldern, vgl. OLG Frankfurt a.M. Beschl. v. 10.3.2005 – 2 Ws 66/04, NJW 2005, 1727; zum Problem der Einziehung bei Verteidigern *Schwerdtfeger/Babucke* wistra 2023, 98 ff.

121 Gegen eine Anwendung des § 261 Abs. 1 S. 3 StGB auf andere Beratungstätigkeiten daher *Fels* AnwBl. Online 2022, 621 (622).

wie in der Entscheidung aus dem Jahr 2015[122] angedeutet. Dagegen spricht zunächst, dass der Gesetzgeber bei der Neufassung von § 261 StGB ein Verteidigerprivileg in Absatz 1 Satz 3 aufgenommen, dieses aber ausdrücklich auf den Verteidiger beschränkt hat, andere Rechtsberatungsberufe sind nicht genannt. Das Amtsgerichts Cloppenburg[123] hatte die Ausweitung des Verteidigerprivilegs auf andere Rechtsberufe – allerdings auch noch nach altem Recht – bejaht.

Darüber hinaus müsste man bei der Beurteilung der Frage auch berücksichtigen, dass das europäische Recht der Geldwäschebekämpfung grundsätzlich von einer Gleichbehandlung der Rechtsberatungsberufe bei gleicher Tätigkeit ausgeht[124] und insofern eine formale Abgrenzung zwischen strafrechtlicher Verteidigung und „Verteidigung" im Zivilverfahren nicht angemessen erscheint. Ferner macht das Dilemma bei der Vertretung vor dem Landgericht deutlich, dass jeder, der auch nur in den Verdacht einer Straftat gerät, in seinem Recht auf ein faires Verfahren (Art. 6 EMRK) vor den Zivilgerichten bedroht ist, weil im Raum steht, dass die Honorierung des Beraters aus illegal erlangtem Vermögen erfolgen könnte.[125]

V. Fazit: Die Geldwäschestrafbarkeit als Dauergefahr in der unternehmerischen Tätigkeit

Der Blick auf die Entwicklung der Maßnahmen zur Bekämpfung der Geldwäsche und zur Verbesserung der Abschöpfung krimineller Gewinne zeigt deutlich, dass der italienische Grundsatz der Bekämpfung mafioser Strukturen auch in Deutschland angekommen ist: effektive Bekämpfung organisierter Kriminalität trifft die finanzielle Basis krimineller Organisationen. Das ist ein valider Ansatz, der kaum zu Widerspruch führen dürfte. Es ist eine zentrale Aufgabe des Rechtsstaats Kriminalität, insbesondere schwerwiegende oder organisierte Kriminalität zu verhindern, zu verfolgen und zu bestrafen. Ebenso unstreitig ist, dass die Entziehung der wirtschaftlichen Grundlage und die Beseitigung finanzieller Anreize kriminovalenter Faktoren ein effektives Mittel der Kriminalitätsbekämpfung ist.

---

122 BGHSt 55, 36, (53).
123 AG Cloppenburg Urt. v. 13.2.2021 – 3 Cs 132/20, wistra 2021, 495 m.Anm. *Reichling*.
124 Vgl. hierzu *Bülte* in Joecks/Jäger/Randt (Rn. 32) § 261 Rn. 189 m.w.N.
125 *Bülte* in Joecks/Jäger/Randt (Rn. 32) § 261 Rn. 189.

Der deutsche Gesetzgeber geht hier allerdings mit bemerkenswerter Konsequenz – möglicherweise um der bereits versunkenen Kosten[126] willen – einen falschen Weg. Anstatt die Möglichkeit zu einer Beschlagnahme und Einziehung von Vermögenswerten, die organisierter Kriminalität dienen könnten, über das Gefahrenabwehrrecht zu schaffen und dementsprechend auch „nur" die Regeln der Bestimmtheit, Verhältnismäßigkeit und Rechtsstaatlichkeit des Polizeirechts beachten zu müssen, wurde der Weg über das Strafrecht gewählt. Die Abschöpfung von Vermögenswerten wurde an die Strafbarkeit gekoppelt, die zu diesem Zweck massiv ausgeweitet und auf Handlungen erstreckt wurde, die man zumindest im allgemeinen und kriminologischen Sprachgebrauch[127] nicht im Entferntesten mit Geldwäsche in Verbindung bringen würde.[128]

Der Gesetzgeber hat den Begriff der Geldwäsche in einem langen Prozess von seinen Ursprüngen – der Bekämpfung der organisierten Kriminalität –, seiner inneren Systematik[129] abgekoppelt und sich damit auch von seiner Legitimationsbasis entfernt. Das Recht, einem Begriff eine ganz eigene Bedeutung zu geben, steht dem Gesetzgeber zweifellos zu. Wenn aber in der Begründung von Gesetzesentwürfen und politischen Diskussionen weiterhin gewichtig von der Geldwäsche als Instrument zur Bekämpfung von „Clan-Kriminalität" und Terrorismusfinanzierung – und damit im herkömmlichen Sinne – gesprochen wird, um die Ausweitung von Strafbarkeit und schwerwiegenden Grundrechtseingriffen zu rechtfertigen, die mit diesen Phänomenen in keinem Zusammenhang stehen, so entfernt man sich doch weit von rationaler Kriminalpolitik.

Die Kollateralschäden der Ausuferung von § 261 StGB mit dem All-Crimes-Ansatz unter Beibehaltung der Leichtfertigkeitsvariante zeigen sich dann im Alltag von Individuen und Unternehmen: Banken überschütten die Financial Intelligence Unit aus Angst mit Verdachtsmeldungen, die Behörden werden der Flut der Informationen nicht mehr Herr[130] und die Verfahren „verstopfen das System".[131] Bereits zuvor hatten Gerichte in Verfahren wegen Geldwäsche die Anforderungen an Durchsuchungsbeschlüsse von Tatsachen auf Vermutungen reduziert und mussten vom Bundesverfas-

---

126 Zum Überblick zur „sunk cost fallacy": *Kahnemann*, Thinking fast, thinking slow, 2011, p. 343 pp.

127 Dazu *Tsakalis* (Rn. 8) S. 154.

128 Vgl. *Tsakalis* (Rn. 8) S. 153 ff.; ferner *Bülte* NZWiSt 2017, 278.

129 So *Tsakalis* (Rn. 8) S. 155.

130 Meldung der Tagesschau, Geldwäsche-Verdachtsfälle Status? Unklar!, 8.2.2023.

131 So zutreffend *Jahn* Anhörung Rechtsausschuss v. 9.12.2020, Prot. 19/117, S. 10.

sungsgericht über rechtsstaatliche Anforderungen an das Strafprozessrecht aufgeklärt werden. Bei diesem Umgang mit Strafrecht als Mittel der Gefahrenabwehr droht auf breiter Ebene eine Erosion des Rechtsstaats, die bislang nur von zurückhaltenden Staatsanwaltschaften mit Fingerspitzengefühl und klugen Gerichten aufgehalten wurde.

Im Ergebnis könnten die Gesetzesverschärfungen aber auch etwas Gutes haben: Berichte über ein Lebensmittelunternehmen, das Kakao von Plantagen kauft, auf den Kinder ausgebeutet werden, Palmöl von Händlern erwirbt, die Kleinbauern gewaltsam von ihrem Land vertrieben haben oder Fleisch aus Tierquälerei verwendet, müssten dazu führen, dass der Verbraucher diese Produkte meidet, weil er sich nicht wegen Geldwäsche strafbar machen will. Es wäre denkbar, dass Strafverfahren wegen Geldwäsche zum Mittel der Säuberung von Lieferketten[132] würden und Unternehmensgewinne abschöpften, die (auch mittelbar) durch Straftaten überall auf der Welt, begangen ggf. von Lieferanten mit Wissen oder leichtfertigem Nichtwissen der Abnehmer, erlangt wurden. Denkbar wäre auch ein „Einsatz" des § 261 StGB und der Abschöpfungsvorschriften gegen Unternehmen, die Werbeeinnahmen auf Internetseiten oder Socialmedia-Portalen generieren, auf denen Straftaten (z.B. §§ 130, 185 ff. StGB, § 22 KunstUrhG) begangen werden.

Im Ergebnis kann man *Krais* nur zustimmen: *„Unternehmen in Deutschland sollten daher dringend ein Auge auf ihre Geldwäsche-Compliance werfen und diese ggf. nachschärfen, selbst wenn sie nicht GwG-Verpflichtete sind. Auf jeden Fall ist es ratsam, die weiteren Entwicklungen im Auge zu behalten."*[133]

132 *Krais* ZfU 2022, 53, 55 spricht vom Geldwäscherecht als besserem Lieferkettengesetz.

133 *Krais* ZfU 2022, 53, 55.

Die Einwilligungsfähigkeit von Jugendlichen im Medizinrecht

Prof. Dr. Andreas Spickhoff

I. Einleitung

Die Einwilligungsfähigkeit ist als Rechtsfrage im deutschen Recht (anders als die Rechts- und Geschäftsfähigkeit) leider nur punktuell-rudimentär geregelt. Im Gesetzgebungsverfahren vor dem Erlass des Patientenrechtegesetzes des Jahres 2013 ist trotz entsprechender Anregungen[1] die Gelegenheit versäumt worden, sich dieser Frage grundsätzlich anzunehmen[2].

Bei alledem gebietet schon das Postulat der inneren Konsistenz der Gesamtrechtsordnung, einen vergleichenden Blick nicht nur auf die Konkretisierung der Einwilligungsfähigkeit Minderjähriger im Privatrecht, sondern auch auf andere Rechtsgebiete und Regelungszusammenhänge zu werfen, in denen die Einwilligungsfähigkeit relevant werden kann. Innerhalb des Privatrechts ist die innere Wertungskonsistenz von Betreuungs- und Sorgerecht zu wahren und haftungsrechtliche Konsequenzen zu bedenken. Unter dem Aspekt der Einheit oder wenigstens Widerspruchsfreiheit der Gesamtrechtsordnung sind sodann die Entwicklungen sowohl im Privat- als auch (und insbesondere) im Strafrecht im Blickfeld zu behalten. Obendrein sind die sozialrechtlichen Implikationen in Rechnung zu stellen.

Im Folgenden können etliche Spezialfragen, etwa aus den Bereichen des Transplantationsrechts, der medizinischen Forschung, der Sterilisation, der Beschneidung, der Inter- und Transsexualität sowie der Patientenverfügung Minderjähriger nicht näher thematisiert werden.

---

1 *Albrecht/Loos/Möllenkamp/Igl*, Studie zu den Wirkungen des Patientenrechtegesetzes, 2016, S. 57 f.; *Spickhoff*, BT-Ausschussdrucks. 17 (14) 0326 (4) v. 09.10.2012 und Protokolle 17/87 und 17/97 v. 22.10.2012, S. 15 f. Rechtsstaatlich unterlegte Bedenken gegenüber dem Fehlen einer Regelung der Einwilligung äußert mit Grund auch *Dethloff*, Familienrecht, 33. Aufl. 2022, § 13 Rn. 61.

2 Siehe dazu ausf. bereits *Spickhoff*, FamRZ 2018, 412.

II. Verfassungsrechtlicher Hintergrund

Die Regelung und Ausgestaltung der Einwilligungsfähigkeit als eine der medizinrechtlich besonders augenfälligen Selbstbestimmungsfähigkeiten[3] findet bis hin zur Notwendigkeit einer Differenzierung zwischen verschiedenen Arten bzw. Stufen ihre heutigen rechtsdogmatischen Wurzeln in den verfassungsrechtlichen Rahmenbedingungen.

1. Der Persönlichkeitsbezug beim Vertragsschluss und bei der Einwilligung in Eingriffe in die körperliche Integrität

Allgemein besteht eine besondere Nähe zum verfassungsrechtlich geschützten Persönlichkeitsrecht (Art. 2 Abs. 1, Art. 1 Abs. 1 GG), wegen des erst über eine Einwilligung unmittelbar zulässigen Eingriffs in die körperliche Integrität (geschützt über Art. 2 Abs. 2 GG). Die klassische Körperverletzungsdoktrin effektiviert dabei den Schutz der körperlichen Integrität auf besonders effektive, freilich auch strenge (und nach der Kritik: tendenziell übermäßig strenge[4]) Weise.

Im Hinblick auf den grundrechtlichen Schutz Nicht-Selbstbestimmungsfähiger ist freilich der naheliegende Einwand erhoben worden, wenn und soweit es an der Fähigkeit des Betroffenen zur Ausübung dieser Freiheiten fehlt, lasse sich von einem eigentlichen Grundrechtseingriff[5] nicht sprechen. Die Freiheit zur Selbstbestimmung, zu deren Ausübung man von vornherein nicht fähig ist, könne einem auch nicht genommen werden.[6] Gegenüber dem zur Selbstbestimmung Unfähigen verbleiben dann zwar Schutzpflichten des Staates und der Parlamentsvorbehalt in Verbindung mit der Wesentlichkeitstheorie. Doch besteht insoweit ein beträchtlicher Gestaltungsspielraum des Gesetzgebers. Dagegen entfiele die Verhältnismäßigkeitskontrolle, auch wenn das Sorgerecht durch das Kindeswohl limitiert wird (§ 1666 BGB) oder – im Falle von Volljährigen – Betreuer an die Vorgaben des Betreuungsrechts gebunden sind. Nun werden die

---

3 Dazu näher *Spickhoff*, in: Becker/Roth (Hrsg.), Recht der Älteren, 2013, § 6.

4 Dazu und zur Kritik statt aller *Katzenmeier*, in: Laufs/Katzenmeier/Lipp, Arztrecht, 8. Aufl. 2021, Kap. V Rn. 8 ff. m. w. N.

5 Zum (schon in der Terminologie schwankenden) Unterschied zwischen Grundrechtseingriff und bloßem Betroffen- oder Berührtsein *Eckhoff*, Der Grundrechtseingriff, 1992, S. 3 ff. m. w. N.

6 So (in Bezug auf die Betreuung) *Lipp*, Freiheit und Fürsorge, 2000, S. 131.

Anforderungen an die Fähigkeit zur Selbstbestimmung durchaus unterschiedlich interpretiert. Gleichwohl ist jeder lebende Mensch zumindest „grundrechtsberechtigt". Obendrein hängt die Grundrechtsmündigkeit (im Sinne von Grundrechtswahrnehmungs- bzw. Grundrechtsausübungsfähigkeit) nach verbreiteter Auffassung (nicht anders als im Falle der Einwilligungsfähigkeit des „einfachen" Zivil- und Strafrechts) von der konkreten Einsichtsfähigkeit ab (und nicht von starren Altersgrenzen).[7] Ist zweifelhaft, ob diese Fähigkeiten vorliegen, bietet es sich an, in weiter Auslegung des grundrechtlichen Schutzanspruchs nicht bereits den Eingriffscharakter einer Versagung von Selbstbestimmungsfähigkeiten zu verneinen, sondern (erst) im Rahmen der Schranken (und dort insbesondere im Kontext der Verhältnismäßigkeitskontrolle) die Wirkungstiefe der Grundrechte sachgerecht, angemessen und individuell zuzuschneiden.[8] Dem entspricht die grundsätzliche Zuerkennung von Selbstbestimmungsfähigkeiten, während deren Fehlen als rechtfertigungs- bzw. legitimationsbedürftige Ausnahme erscheint. Auch ist zu bedenken, dass ein Absprechen der Fähigkeit zur Selbstbestimmung im Hinblick auf Art. 3 Abs. 3 S. 2 GG als voreilig-unzulässige Altersdiskriminierung angesehen werden könnte.[9]

Deshalb gilt aus der Perspektive der Grund- und Menschenrechte auch im Medizinrecht in Bezug auf minderjährige Patienten: So viel Autonomie wie möglich, so viel Heteronomie wie nötig. Folgerichtig ist das Erfordernis der „gesetzlichen Vertretung vom Persönlichkeitsrecht des Kindes her zu begründen. Soweit sie nicht vom Kind her als Einrichtung zu seinem Wohl erforderlich ist, ist sie verfassungsrechtlich mit dem Persönlichkeitsrecht des Kindes nicht vereinbar".[10]

7 *Starck*, in: v. Mangoldt/Klein/Starck, GG, 7. Aufl. 2018, Art. 1 Rn. 210; *Dreier*, in: Dreier, GG, 3. Aufl. 2013, Vorbem. Art. 1 Rn. 112 ff.; diff. *Kingreen/Poscher*, Grundrechte – Staatsrecht II, 38. Aufl. 2022, Rn. 211 ff.

8 Vgl. *Canaris*, JZ 1987, 993, 994 f.

9 BVerfG, FamRZ 1999, 985, 987 zu §§ 2232 S. 1, 2233 Abs. 3 BGB a. F. Ein 78-Jähriger konnte nach einem Schlaganfall weder schreiben noch sprechen, aber hören und sich durch Zeichen verständlich machen.

10 Insofern treffend *Lipp*, Freiheit und Fürsorge, 2000, S. 38 f.; s. auch *Coester-Waltjen*, MedR 2012, 552, 559.

2. Das Elternrecht des Art. 6 Abs. 2 GG

Mit dem Persönlichkeitsrecht des Kindes kann freilich das Elternrecht des Art. 6 Abs. 2 GG in Konflikt geraten. Indes ist ganz überwiegend anerkannt, dass dieses in erster Linie fremdnützige Recht dann, wenn der Minderjährige einsichts- und urteilsfähig ist, hinter das Selbstbestimmungsrecht des Minderjährigen zurücktritt.[11]

III. Geschäftsfähigkeit und Behandlungsvertrag

Die Geschäftsfähigkeit ist jedenfalls nach allgemeiner Meinung von der Einwilligungsfähigkeit zu unterscheiden. Dennoch besteht ein Zusammenhang: Ein wirksamer Behandlungsvertrag würde immerhin zur Behandlung verpflichten. Wirft man daher einen Blick auf die Regeln zur Geschäftsfähigkeit, so ergibt sich ein zwiespältiges Bild.

Dass Geschäftsunfähige nicht selbst wirksam Verträge – auch Behandlungsverträge – abschließen können, ist unzweifelhaft. Komplizierter liegt es mit den beschränkt Geschäftsfähigen. Abgesehen von den kaum praktisch relevanten §§ 105a[12], 110[13], 112 und 113[14] BGB steht § 107 BGB im Mittelpunkt, wonach Minderjährige nur für Willenserklärungen, durch welche sie „nicht lediglich einen rechtlichen Vorteil" erlangen, die Zustimmung der gesetzlichen Vertreter benötigen. Auf wirtschaftliche und erst recht rein tatsächliche Vor- oder Nachteile bzw. Risiken oder Gefahren kommt es nicht an. Auch Nebenpflichten können rechtliche Nachteile begründen.[15]

1. Privatpatienten

Im Falle beschränkt geschäftsfähiger Privatpatienten begründet schon die aus dem gegenseitigen Behandlungsvertrag folgende Zahlungsverpflichtung (die sog. Privatliquidation) ohne Weiteres einen rechtlichen Nachteil im

---

11 *Coester-Waltjen*, MedR 2012, 553, 559.

12 Dazu *Spickhoff*, Medizinrecht, 4. Aufl. 2022, §§ 104–105a BGB Rn. 8.

13 Dazu *Lipp*, in: Laufs/Katzenmeier/Lipp, Arztrecht, 8. Aufl. 2021, Rn. III-19.

14 Dazu *Kern/Rehborn*, in: Laufs/Kern/Rehborn, Handbuch des Arztrechts, 5. Aufl. 2019, § 43 Rn. 36 m. w. N.

15 *Stadler*, Allgemeiner Teil des BGB, 21. Aufl. 2022, § 23 Rn. 9.

Sinne von § 107 BGB.[16] Demgemäß hält der BGH konsequent die Zustimmung der Sorgeberechtigten prinzipiell für erforderlich.[17] Ansprüche der Behandlungsseite können ohne Zustimmung der Sorgeberechtigten allenfalls unter den Voraussetzungen der Geschäftsführung ohne Auftrag gegenüber den Eltern geltend gemacht werden (Aufwendungsersatz gemäß §§ 683, 677, 670, 1835 Abs. 2 BGB). Ferner mag die Möglichkeit der gerichtlichen Ersetzung der rechtsgeschäftlichen Willenserklärung der Eltern gemäß § 1666 BGB bestehen. Nichts anderes gilt, wenn sich ein gesetzlich versicherter Minderjähriger aus eigenem Antrieb als Privatpatient behandeln lässt, die Inanspruchnahme von Leistungen vereinbart, die nicht von der GKV gedeckt sind[18] oder im Behandlungsvertrag eigene Pflichten begründet.

2. Kassenpatienten

Auch im Falle beschränkt geschäftsfähiger Kassenpatienten kann zwischen einem Kassenpatienten und der Behandlungsseite unmittelbar ein zivilrechtlicher Behandlungsvertrag zustande kommen,[19] was aus § 630a Abs. 1 BGB folgt. In dieser Konstellation fehlt es in Ermangelung einer grundsätzlichen Zahlungspflicht – es gilt das sog. Sachleistungsprinzip als Regel (§ 2 Abs. 2 S. 1, Abs. 1 SGB V), es sei denn, der Patient wünscht Kostenerstattung (§ 13 Abs. 2 SGB V, § 18 Abs. 8 S. 1 BMV-Ä) – an der Gegenseitigkeit des Behandlungsvertrages mit Kassenpatienten; vielmehr liegt insoweit ein einseitig verpflichtender Vertrag vor.[20] Abgesehen von den seltenen Sonderfällen des § 64 SGB V im Rahmen entsprechender Modellvorhaben kommt ein rechtlicher Nachteil in Betracht, wenn der Minderjährige einen sog. Bestelltermin vereinbart hat. Das grundlos-pflichtwidrige patientenseitige Nichteinhalten eines solchen Termins löst über §§ 630b, 615, 296 BGB den Annahmeverzug und damit Kostenfolgen aus,[21] was die rechtliche Nachteilhaftigkeit des grundlosen Nichterscheinens verdeutlicht. Rechtlich

16 So bereits klarstellend BGHZ 29, 33.

17 BGHZ 29, 33 ff.; ebenso LG München I, NJW 1980, 646 = FamRZ 1979, 850; siehe dazu *Moritz*, JA 1981, 186; ähnlich AG Neunkirchen, FamRZ 1988, 876 f. mit krit. Anm. *Luthin*: § 1666 BGB herangezogen, um die elterliche Zustimmung zum Behandlungsvertrag zu ersetzen.

18 Soergel/*Hefermehl* § 107 Rn. 19.

19 *Bender*, MedR 1997, 7, 8 f.

20 *Gsell*, Juris-Anm. zu BGH, Urt. v. 28.04.2005 – III ZR 351/04 (sub B).

21 BGH NJW 2022, 2269.

nachteilig ist weiter die Vereinbarung sog. IGeL-Leistungen, die die GKV nicht übernimmt.

Ein infolge der medizinischen Leistung eintretender Misserfolg oder auch nicht eintretender Erfolg der Behandlung ist im Rahmen von § 107 BGB dagegen als bloß tatsächlicher Nachteil irrelevant. Das (bloße) Sollensgebot des § 630c Abs. 1 BGB – Behandelnder und Patient sollen zur Durchführung der Behandlung zusammenwirken – begründet eine bloße Obliegenheit.[22] Schutzpflichten, die sich aus § 241 Abs. 2 BGB ergeben, genügen nach im Wesentlichen anerkannter Auffassung nicht zur Begründung rechtlicher Nachteile.[23]

Das führt zu dem – im Vergleich zum Privatpatienten immerhin erstaunlichen – Zwischenergebnis, dass unter Zugrundelegung der Regeln des BGB im Rahmen eines gewöhnlichen, ggf. spontanen Arztbesuches ein beschränkt geschäftsfähiger Kassenpatient mangels rechtlichen Nachteils je nach Sachlage an sich wirksam Behandlungsverträge abschließen kann.[24] Nicht zuletzt um derartige Differenzierungen von vornherein zu vermeiden, wird über §§ 133, 157 BGB regelhaft ein Vertrag zu Gunsten Dritter zwischen der Behandlungsseite und den Sorgeberechtigten (zumeist den Eltern) angenommen, ggf. über die Konstruktion des Kindes als Bote o. ä. der Eltern,[25] insbesondere im Falle privat Versicherter.

IV. Der Einfluss der sog. Sozialmündigkeit auf die Selbstbestimmungsfähigkeiten

Zu beachten ist weiter, dass ungeachtet der Regeln zur Geschäftsfähigkeit Minderjährige im Rahmen der gesetzlichen familiären Krankenversicherung gemäß §§ 36 Abs. 1, 11 SGB I ab Vollendung des 15. Lebensjahres selbst

22 BT-Drucks. 17/10488, S. 21; *Spickhoff*, VersR 2013, 267, 270 f.; MüKoBGB/*Wagner*, § 630a Rn. 62; NK-BGB/*Voigt*, 3. Aufl. 2016, § 630c Rn. 2, 3.

23 *Neuner*, Allgemeiner Teil des Bürgerlichen Rechts, 12. Aufl. 2020, § 34 Rn. 25 (S. 393); vgl. auch *Schröder*, Auskunftsanspruch der Eltern minderjähriger Kinder gegen den Arzt, 2011, S. 33 f.; anders insoweit *Ahmend-Traut/Bongartz*, FamRZ 2016, 5, 10.

24 Ebenso im Grundsatz MüKoBGB/*Wagner*, § 630a Rn. 21; *Kern*, in: Laufs/Kern, Handbuch des Arztrechts, § 39 Rn. 24; *Quaas/Zuck*, Medizinrecht, 3. Aufl. 2014, § 14 Rn. 21; *Janda*, Medizinrecht, 3. Aufl. 2016, S. 127 f.; *U. Walter*, Das neue Patientenrechtegesetz, 2013, Rn. 35 mit Fußn. 5; skeptisch noch *Lipp*, in: Laufs/Katzenmeier/Lipp, Arztrecht, Rn. III-19 in Fußn. 82 m. w. N.

25 S. BGH NJW 2022, 2269; BGH NJW 2005, 2069, 2071 (dazu *Spickhoff* LMK 2005, 152008); BGH NJW 1984, 1400.

Anträge auf Sozialleistungen stellen und diese entgegennehmen können. Das 15. Lebensjahr begründet die sog. Sozialmündigkeit.

Nach § 36 Abs. 1 S. 2 SGB I „soll" (nicht: muss) der Leistungsträger den gesetzlichen Vertreter über die Antragstellung und die erbrachten Sozialleistungen unterrichten. Weiter kann die zunächst einmal begründete „Handlungsfähigkeit" nach § 36 Abs. 2 S. 1 SGB I vom gesetzlichen Vertreter durch schriftliche Erklärung gegenüber dem Leistungsträger eingeschränkt werden. Auch innerhalb der „Sozialmündigkeit" wird das Sorgerecht also keineswegs ohne weiteres verdrängt. Die bloße „Soll"-Bestimmung des § 36 Abs. 1 S. 2 SGB I zeigt freilich, dass es auch Konstellationen gibt, in denen die Eltern nicht zu unterrichten sind. Genannt werden Fälle der Behandlung einer Drogenabhängigkeit oder aus dem Kontext des Schwangerschaftsabbruchs.[26]

Aus § 36 Abs. 1 S. 1 SGB I ist zunächst die Fähigkeit abzuleiten, auf dem Gebiet des materiellen Sozialrechts rechtswirksam Willensäußerungen abzugeben, insbesondere in Bezug auf die Inanspruchnahme durch Leistungserbringer der GKV (wie Kassenärzte, Krankenhausleistungen und Leistungen durch Apotheken usw.) bis hin zur Entgegennahme der Leistung als Erfüllung.[27] Ob aus § 36 SGB I darüber hinaus gefolgert werden kann, dass Minderjährige zum selbständigen Abschluss eines Behandlungsvertrages ohne elterliche Zustimmung befähigt sind (im Sinne einer Teilmündigkeit), wird zwar unter Hinweis auf den Zweck vertreten,[28] entspricht aber nicht der – m. E. überzeugenderen – herrschenden Haltung. Anderenfalls müsste konsequent der über fünfzehnjährige Kassenpatient eigenmächtig die Variante der Kostenerstattung anstelle der Sachleistung wählen können, obwohl ihn dies – rechtlich eindeutig nachteilig – gegenüber der Behandlungsseite zu einer kostenmäßigen Vorausleistung verpflichten würde, zu der er obendrein kaum ohne weiteres außerhalb der seltenen Fälle der §§ 110, 112, 113 BGB in der Lage sein wird. Dem entspricht, dass ein beschränkt Geschäftsfähiger im Rahmen einer Sozialversicherung von vornherein keine darlehensweise Gewährung von Sozialleistungen ohne Zustimmung der Eltern erhalten kann (§ 36 Abs. 2 SGB I): Kommt es gewissermaßen „hart auf hart", greift eben auch das Sozialrecht trotz § 36 SGB I funktional auf

---

26 BeckOK-SGB I/*Gutzler*, 1.12.2022, § 36 Rn. 30; näher BeckOGK-SGB I/*Wicher*, 1.3.2021, § 36 Rn. 40, je m. w. N.

27 Statt aller *Mrozynski*, SGB I, 6. Aufl. 2019, § 36 Rn. 1 und 11.

28 *Coester*, FamRZ 1985, 982, 983; *Kohte*, AcP 185 (1985), 105, 148.

die Regel des § 107 BGB zurück.[29] Noch weniger erfasst § 36 I SGB V die Einwilligung[30].

V. Einwilligungsfähigkeit und medizinische Eingriffe

Betrachtet man den Aspekt der Einwilligungsfähigkeit als besondere Ausprägung der Selbstbestimmungsfähigkeiten, so kann vorab festgehalten werden, dass insoweit keine Ungleichbehandlung von beschränkt geschäftsfähigen Privat- und Kassenpatienten indiziert ist.

1. Grundsätzliche Elemente der Einwilligungsfähigkeit

a) Einwilligung als Willenserklärung?

Die Einwilligung wird nach m. E. zutreffender herrschender Ansicht nicht als Willenserklärung angesehen. Zwar sind einzelne Regeln der Rechtsgeschäftslehre (wie § 130 Abs. 2 BGB mit der dort angeordneten Fortwirkung der Erklärung nach Eintritt der Rechts- und Geschäftsunfähigkeit) für eine analoge Anwendung auf die Einwilligungsfähigkeit geeignet.[31] Zentrale – und wohl die wesentlichen – Abschnitte der Rechtsgeschäftslehre wie die Regeln zur Geschäftsfähigkeit, zur Stellvertretung oder zur Anfechtung erscheinen dagegen nicht, jedenfalls nicht ohne substantielle Modifikationen, auf Fragen der Einwilligung außerhalb des Bereichs des § 183 BGB anwendbar.[32]

Zwar würde eine Anwendung der §§ 104 ff. BGB im Hinblick auf die Behandlungsseite zu größerer Rechtssicherheit führen, und es läge dann

---

29 Übereinstimmend *Gleixner-Eberle*, Die Einwilligung in die medizinische Behandlung Minderjähriger, 2014, S. 379 f. m. w. N.; *Ahmend-Traut/Bongartz*, FamRZ 2016, 5, 10. Im Falle eines zur fraglichen Zeit freilich noch nicht 15-Jährigen stellt auch BSGE 59, 40 ohne weiteres auf §§ 104 ff. BGB ab. Gegen eine „Teilprozessrechtsfähigkeit" im Medizinrecht auch *Ahrens*, FS Fischer, 2010, S. 1 ff.

30 *Lipp*, in: Laufs/Katzenmeier/Lipp, Arztrecht, Rn. III-19; *Coester*, FamRZ 1985, 982, 986; *Bender*, MedR 1997, 7, 9; *Mrozynski*, SGB I, § 36 Rn. 13; anders aber *Kohte*, AcP 185 (1985), 105, 148.

31 Zu § 130 Abs. 2 BGB BGH FamRZ 2003, 748 = JZ 2003, 732 m. Anm. *Spickhoff*.

32 Näher *Deutsch/Spickhoff*, Medizinrecht, 7. Aufl. 2014, Rn. 419 ff. m. w. N.; anders – indes ohne daraus abgeleitete Konsequenzen – Staudinger/*Peschel-Gutzeit*, BGB, Bearbeitung 2015, § 1626 Rn. 92 ff.

nahe, im Hinblick auf die Folgefragen der Einwilligungszuständigkeit die sorgerechtlichen Regelungen des Familienrechts ohne weiteres heranzuziehen. Doch wäre dieser Preis zu hoch, geht es doch gerade im Falle einer medizinischen Behandlung um den Schutz höchstpersönlicher Rechte und Rechtsgüter, zumal das Arzt-Patienten-Verhältnis in besonderer Weise auf Vertrauen zwischen Behandlungsseite und Patient ausgerichtet ist.[33]

b) Einsichts- und Willensfähigkeit

Bei der Konkretisierung der Einwilligungsfähigkeit stellt man im Allgemeinen darauf ab, ob der Patient konkret „nach seiner geistigen und sittlichen Reife die Bedeutung und Tragweite des Eingriffs und seiner Gestattung zu ermessen vermag".[34] Damit wird das intellektuelle bzw. kognitive Moment in den Vordergrund gestellt.

Mit *Amelung*[35] wird man das intellektuelle Moment um ein voluntatives Element zu ergänzen haben. Der Minderjährige bzw. potentiell Einwilligungsunfähige ist demnach auch dann einwilligungsunfähig, wenn er zwar über die erforderliche Einsichtsfähigkeit verfügt, aber nicht in der Lage ist, sich nach ihr zu verhalten. Ähnlich wie im Bereich der Verschuldensfähigkeit – hier wird übrigens im zivilen Haftungsrecht anders als im Strafrecht neben dem intellektuellen mehrheitlich kein voluntatives Element verlangt[36] – hat es freilich den Anschein, dass es auf diese Differenzierung in der Rechtspraxis selten ankommt. Jedenfalls sind keine Gerichtsentscheidungen bekannt geworden, in denen die Frage der Einwilligungsfähigkeit wegen eines nicht vorhandenen voluntativen Elementes anders entschieden worden wäre. Ungeachtet dessen spricht viel dafür, neben dem intellektuellen ein voluntatives Element zur Annahme der Einwilligungsfähigkeit zu verlangen. Denn es geht hier nicht um die zivilrechtliche im Interesse des Opferschutzes eher objektivierend konkretisierte Haftung, sondern um den Schutz der Patientenautonomie, und diese sollte nicht

33 Dazu näher *Kern/Rehborn*, in: Laufs/Kern/Rehborn, Handbuch des Arztrechts, 5. Aufl. 2019, § 42 Rn. 10 ff.; *Deutsch/Spickhoff*, Medizinrecht Rn. 18.

34 BGHZ 29, 33, 35, 36.

35 ZStW (104) 1992, 525 ff., 551 ff.; *ders.*, MedR 2000, 520, 521 mit Fußnote 13; ebenso *Gleixner-Eberle*, Die Einwilligung in die medizinische Behandlung Minderjähriger, 2014, S. 286 f.; MüKoBGB/*Huber*, 8. Aufl. 2020, § 1626 Rn. 40; s. auch *Biermann*, in: Ulsenheimer/Gaede, Arztstrafrecht in der Praxis, 6. Aufl. 2021, Rn. 435 (mit den Kriterien Verständnis, Verarbeitung, Bewertung, bestimmbarer Wille).

36 Näher Soergel/*Spickhoff*, BGB, 13. Aufl. 2005, § 828 Rn. 13, 14 m. w. N.

nur bewusst, sondern auch von einem selbstbestimmenden Willen getragen und ausgeübt werden. Insbesondere bei psychisch kranken Menschen kann es an Letzterem durchaus fehlen. Zuzugeben ist allerdings, dass durch dieses zusätzliche Merkmal der Einwilligungsfähigkeit deren Feststellung in der Praxis nicht erleichtert wird, insbesondere im Falle von Minderjährigen mit psychischen Auffälligkeiten.

Es ist zwar praxisnah, aber gleichwohl nicht ganz zweifelsfrei, Ärzten bei der Feststellung der Einwilligungsfähigkeit einen eigenen Entscheidungs- (genauer: Beurteilungs-)spielraum einzuräumen.[37] Dafür spricht der latent vorhandene Unsicherheitsfaktor bei der Feststellung der Einwilligungsfähigkeit. Andererseits bleibt bedenklich, die Feststellung der Einwilligungsfähigkeit einer von zwei Parteien mit möglicherweise widerstreitenden Interessen auch nur teilweise zu überantworten. Das geeignetere Korrektiv zu Gunsten der Behandlungsseite liegt in derartigen Fällen daher auf der Verschuldensebene in Gestalt der ggf. fehlenden Erkennbarkeit der Einwilligungsunfähigkeit.[38] Unverschuldete Fehleinschätzungen der Einwilligungsfähigkeit begründen demgemäß zwar weder die Haftung noch eine Strafbarkeit des behandelnden Arztes, schließen aber je nach Sachlage nicht bereits die Rechtswidrigkeit wegen fehlender Einwilligungsfähigkeit aus.

c) Fixe oder Vermutungen auslösende Altersgrenzen?

Feste Altersgrenzen, wie etwa die 14-Jahresgrenze (die das Recht in anderen Zusammenhängen kennt, z. B. bei der Bestimmung des religiösen Bekenntnisses, § 5 S. 1 RelKErzG sowie in § 19 StGB bzw. § 1 Abs. 2 JGG) oder die 16-Jahresgrenze in Bezug auf die Ehemündigkeit (§ 1303 BGB), werden dabei richtigerweise nicht anerkannt, auch nicht als bloßer Grundsatz, wie dies für das Erreichen des 14. Lebensjahres z. B. in §§ 173 Abs. 1,[39] 21 Abs. 2 österr. ABGB vorgesehen ist.[40] Als Grundlage für einen entsprechenden allgemeinen Rechtsgrundsatz oder als Basis für eine Gesamtanalogie sind

37 Dafür *Nebendahl*, MedR 2009, 197, 202; *Wölk*, MedR 2001, 80, 82; *Belling/Eberl/Michlik*, Das Selbstbestimmungsrecht Minderjähriger bei medizinischen Eingriffen, S. 130; *Lesch*, NJW 1989, 2309, 2310.

38 Im Ergebnis ebenso *Odenwald*, Die Einwilligungsfähigkeit im Strafrecht unter besonderer Berücksichtigung ärztlichen Handelns, 2004, S. 113.

39 Nach § 173 Abs. 2 ABGB ist – ähnlich wie nach der deutschen BGH-Rechtsprechung – bei drohenden schweren Folgen zusätzlich die Zustimmung der Sorgeberechtigten erforderlich.

40 *Kern*, in: Laufs/Kern/Rehborn, Handbuch des Arztrechts, 5. Aufl. 2019, § 65 Rn. 3.

die Einzelregelungen, in denen solche Grenzen vorgesehen sind, wohl doch zu speziell und auf besondere Konstellationen zugeschnitten. Allerdings wird man nach Vollendung des 16. Lebensjahres die Einwilligungsfähigkeit nicht ohne weiteres ablehnen können.

d) Die Problematik weiterer Differenzierungen, insbesondere zwischen Zustimmung und Ablehnung sowie der Schwere des Eingriffs

Ebenso wenig lässt sich die Frage der Einwilligungsfähigkeit ohne Weiteres mit der Schwere des Eingriffs in Beziehung setzen.[41] Mit der Schwere des Eingriffs korrespondiert zwar häufig, aber nicht notwendig die Komplexität der Entscheidung und damit die intellektuelle Einsichtsfähigkeit. Erst recht kann ein paternalistisches Kriterium der Vernunft kein zulässiges Kriterium für die Bestimmung der Einwilligungsfähigkeit sein,[42] zumal sogar ein „Recht auf Krankheit" verfassungsrechtlich geschützt wird.[43] Allerdings wird eine nach objektiven Maßstäben „unvernünftige" Entscheidung Anlass zu einer genaueren Überprüfung der Einwilligungsfähigkeit sein.

Weiter entspricht es nicht per se dem Anliegen der Patientenautonomie, zwischen Zustimmung und Ablehnung in Bezug auf medizinische Behandlungen zu unterscheiden, wobei dann die Schwelle der nötigen Einsichtsfähigkeit für die Ablehnung eines Eingriffs niedriger angesetzt wird als für eine Zustimmung.[44] Allerdings wird je nach Sachlage der positive Eingriff in die Gesundheit nicht nur als tiefer erscheinen als dessen Ablehnung, sondern auch als komplexer, was ggf. eine entsprechend größere Einsichtsfähigkeit erfordert.[45]

2. Sorgerecht und Einwilligungsfähigkeit

Ausgangspunkt für die Diskussion der Frage, ob und ggf. wie weit einwilligungsfähige Minderjährige in invasive medizinische Eingriffe allein nur

41 Vorsichtig differenzierend BeckOGK-BGB/*Amend-Traut*, 1.12.2022, § 1626 Rn. 121; MüKoBGB/*Huber*, 8. Aufl. 2020, § 1626 Rn. 42.

42 Ebenso *Amelung*, JR 1999, 45, 46.

43 Z. B. BVerfG FamRZ 2016, 1738.

44 Ebenso *Gleixner-Eberle*, Die Einwilligung in die medizinische Behandlung Minderjähriger, 2014, S. 297; BeckOGK-BGB/*Amend-Traut*, 1.12.2022, § 1626 Rn. 122.

45 Für eine entsprechende Unterscheidung daher generell MüKoBGB/*P. Huber*, 8. Aufl. 2020, § 1626 BGB Rn. 44.

mit Zustimmung ihrer Sorgeberechtigten einwilligen können, ist zunächst § 630d Abs. 1 Sätze 1 bis 3 BGB. Danach ist die Behandlungsseite prinzipiell zur Einholung einer Einwilligung vor Durchführung der Maßnahme verpflichtet. Nur dann, wenn der Patient einwilligungsunfähig ist, ist die Einwilligung eines hierzu Berechtigten einzuholen, soweit nicht eine Patientenverfügung nach § 1827 Abs. 1 Satz 1 BGB die Maßnahme gestattet oder untersagt. Dann heißt es: „Weitergehende Anforderungen an die Einwilligung aus anderen Vorschriften bleiben unberührt."

a) Grundsatz und Grenzen

Solche „weitergehende Anforderungen" könnten sich aus dem Sorgerecht ergeben. Im Hinblick auf medizinische Eingriffe in die körperliche Integrität, also in einen höchstpersönlichen Lebensbereich, ist Ausgangspunkt der Diskussion, dass entsprechende Eingriffe an sich stellvertretungsfeindlich sind. Wie das Sorge- und Betreuungsrecht zeigen, gibt es hiervon zwar durchaus Ausnahmen, aber in deutlichen Grenzen. Wieweit erfasst das Sorgerecht die Einwilligung Minderjähriger, seien diese nun einwilligungsfähig oder nicht?

In § 1626 Abs. 2 BGB heißt es, dass die Eltern die „wachsende Fähigkeit und das wachsende Bedürfnis des Kindes zu selbständigem verantwortungsbewusstem Handeln" – offenbar nur im sog. Innenverhältnis – „berücksichtigen". Zudem wird statuiert, dass sie mit dem Kind – soweit es nach dessen Entwicklungsstand angezeigt ist – Fragen der elterlichen Sorge besprechen, wobei Einvernehmen anzustreben ist. Das BVerfG hat anerkannt, dass die Ausübung des Sorgerechtes unter Berücksichtigung der sich aus Art. 1, 2 GG ergebenden grundgesetzlich geschützten Kindesinteressen zu erfolgen hat.[46] Das ist im Kontext der Auslegung des § 1626 Abs. 2 BGB zu berücksichtigen. Insbesondere wird das elterliche Sorgerecht durch das Kindeswohl begrenzt bzw. geprägt; es handelt sich um ein pflichtgebundenes[47] und insoweit fremdnütziges Recht.[48]

Nach § 1666 BGB können daher dem Kindeswohl nicht gemäße Entscheidungen durch das Familiengericht korrigiert werden. Das gilt insbesondere, wenn eine fehlende Einwilligung der Sorgeberechtigten in medizi-

---

46 BVerfGE 24, 119, 144.

47 MüKoBGB/*Huber*, 8. Aufl. 2020, § 1626 Rn. 62; grundlegend *Coester*, Das Kindeswohl als Rechtsbegriff, 1983, 214 f.

48 Ebenso *V. Lipp*, Freiheit und Fürsorge, 2000, S. 39.

nische Eingriffe ersetzt werden muss.[49] In Eilfällen, wenn eine familiengerichtliche Entscheidung nicht mehr eingeholt werden kann, ist obendrein anerkannt, dass sich Ärzte über kindeswohlwidrige Entscheidungen der Eltern hinwegsetzen können. Dieses unstreitige Ergebnis wird aus § 34 StGB, § 32 StGB oder aus dem Aspekt der rechtsmissbräuchlichen und daher unbeachtlichen Ausübung des Sorgerechts hergeleitet.[50] Man denke an den Fall einer dringend gebotenen, unaufschiebbaren Tetanusimpfung[51], an die akut gebotene Frischblutvergabe zugunsten eines Kindes, dessen Eltern Zeugen Jehovas sind, oder an den sogleich notwendigen Beginn mit einer (durchaus gravierenden) Therapie nach Blutkontakt mit einer HIV-positiven Person gegen den Willen der (uneinsichtigen) Eltern. Gegebenenfalls ist die gerichtliche Entscheidung gemäß § 1666 BGB unverzüglich nachzuholen und umzusetzen. Wird kindeswohlwidrig die Einwilligung durch Sorgeberechtigte in eine medizinische Maßnahme erteilt, wird die Einwilligung im Strafrecht – offenbar nicht nur im Falle evident kindeswohlwidriger Zustimmungen – als unwirksam angesehen.[52] Dadurch wird immerhin die Frage der Rechtswidrigkeit des ärztlichen Verhaltens (und damit auch des Eingreifens etwaiger Rechtfertigungsgründe) – wenn man so will, im „Außenverhältnis" – unmittelbar an die Rechtmäßigkeit im Sinne der (kindeswohlgemäßen) Entscheidung des Sorgeberechtigten (im „Innenverhältnis") angeknüpft. Das ist deshalb nicht unzweifelhaft, weil zivilrechtlich außerhalb der Fälle des Missbrauchs der Vertretungsmacht an sich die gesetzliche Vertretungsmacht greift. Allerdings wird es oft jedenfalls an schuldhaftem Verhalten der Behandlungsseite fehlen.

b) Zum Vergleich: betreute Patienten

Zur Antwort auf die Frage, ob und inwieweit Sorgeberechtigte die Entscheidung über das Ja oder Nein bzw. die Reichweite einer Behandlung minderjähriger Patienten prägen können, bietet sich ein vergleichender Blick auf

---

49 OLG Hamm, NJW 2007, 2704, 2705 mit krit. Anm. *Balloff*; siehe auch BVerfG, FamRZ 2007, 2046 m. Anm. *Spickhoff*.

50 AG Nordenham MedR 2008, 225 (§ 34 StGB im Falle einer dringend gebotenen, unaufschiebbaren Tetanusimpfung); *Ulsenheimer*, in: Laufs/Kern/Rehborn, Handbuch des Arztrechts, 5. Aufl. 2019, § 149 Rn. 107.

51 AG Nordenham MedR 2008, 225.

52 *Gleixner-Eberle*, Die Einwilligung in die medizinische Behandlung von Kindern und Jugendlichen, 2013, S. 312 ff.; anders *Baltz*, Lebenserhaltung als Haftungsgrund, 2010, S. 99.

das Betreuungsrecht an. Allerdings besteht insoweit von vornherein ein prinzipieller Unterschied: Während Minderjährige bis zum Erreichen der Volljährigkeit grundsätzlich nicht mündig sind und generell der Obhut ihrer Sorgeberechtigten unterstehen, steht es im Bereich der Betreuung genau umgekehrt: Der Betreute ist eben nicht pauschal entmündigt, sondern er erhält ggf. neben sich einen vertretungsbefugten Betreuer (§ 1823 BGB).

Beim einwilligungsfähigen Betreuten gibt allein dessen Entscheidung den Ausschlag, und zwar sowohl im Hinblick auf eine Verweigerung als auch im Hinblick auf die Zustimmung zu einer medizinischen Behandlung. Abweichende Entscheidungen des Betreuers werden also vom einwilligungsfähigen Betreuten „overruled". Dass dies im klinischen Alltag (leider) oft verkannt oder aus falsch verstandener juristischer Vorsicht missachtet wird, ändert nichts an dieser juristischen Bewertung.

Aber selbst den einwilligungsunfähigen Betreuten werden erhebliche Einflüsse auf die Entscheidungsfindung zugebilligt. Wünscht der einwilligungsunfähige, aber äußerungsfähige Betreute eine medizinisch indizierte oder wenigstens vertretbare Behandlung, so ist diesem Wunsch nachzugehen (vgl. § 1821 Abs. 2 BGB), da eine solche Entscheidung zu Gunsten medizinischer Maßnahmen zumindest typischerweise nicht vom Streben nach Selbstschädigung o. Ä. geleitet sein wird. Anders stünde es im Falle des Wunsches nach medizinischen Maßnahmen, die medizinisch nicht indiziert sind und die den einwilligungsunfähigen Betreuten in die Gefahr erheblicher gesundheitlicher Schäden oder gar des Todes führen würden (§ 1823 Abs. 3 BGB); dann muss es bei der abweichenden Entscheidung des Betreuers bzw. Gesundheitsbevollmächtigten bleiben.

Lehnt der einwilligungsunfähige Betreute medizinisch indizierte oder vertretbare und vom Betreuer gewünschte Maßnahmen ab, so ist demgemäß entsprechenden Wünschen zu folgen, solange die Versagung der Einwilligung nicht die Gefahr erheblicher gesundheitlicher Schäden (oder gar eine Lebensgefahr) zum Nachteil des einwilligungsunfähigen Betreuten auslöst.[53] Zwangsbehandlungen dürfen obendrein nur im Rahmen von § 1832 BGB durchgeführt werden.

All dies zeigt, dass dem (volljährigen) Betreuten im Kontext medizinischer Maßnahmen ein erhebliches Maß an Autonomie zugewiesen wird.

---

53 Statt aller *Coester-Waltjen*, MedR 2012, 553, 557. Das gilt zunächst nur im Innenverhältnis zum Betreuer; *Gleixner-Eberle*, Die Einwilligung in die medizinische Behandlung von Kindern und Jugendlichen, S. 324 m. w. N.

Der Grund dafür liegt auch hier – verkürzt formuliert – im besonders deutlich ausgeprägten Persönlichkeitsbezug medizinischer Maßnahmen.

c) Einwilligungsunfähige Minderjährige

Einwilligungsunfähige Jugendliche bedürfen jedenfalls der Zustimmung „eines hierzu Berechtigten“ (§ 630d Abs. 1 S. 2 BGB); ihnen steht zumindest im Rahmen von § 1827 BGB auch nicht die Möglichkeit einer bindenden Patientenverfügung zu.

Indes ist die Frage gestellt worden, ob in Parallelität mit den eben dargelegten Grundsätzen des Betreuungsrechts und unter Berücksichtigung der immerhin auf dieser Linie liegenden Bestimmung des § 1626 Abs. 2 BGB von einem ähnlichen Einflussnahme- oder sogar einem Vetorecht einwilligungsunfähiger Minderjähriger, die immerhin ihren Willen kundgeben können, ausgegangen werden kann. In der Literatur wird ein solches Vetorecht des zwar einwilligungsunfähigen, aber schon „vetofähigen“ Minderjährigen postuliert.[54] Zwar fehlt es im Sorgerecht an einer § 1821 Abs. 2 und 3 BGB entsprechenden Vorschrift, wonach der Betreuer – in gewissen Grenzen – den Wünschen des Betreuten zu entsprechen hat. Doch mag sich Ähnliches aus § 1626 Abs. 2 S. 1 BGB herleiten lassen, auch wenn diese Norm Minderjährigen kein formales Entscheidungs- oder Vetorecht einräumt. Zu bedenken ist seit 2013 weiter, dass § 630e Abs. 5 BGB im Anschluss an die Rechtsprechung des BVerfG[55] eine Aufklärung selbst von Einwilligungsunfähigen je nach deren Verständnishorizont zur ärztlichen Pflicht erhebt. Eine solche Pflicht muss auch Minderjährige erfassen. Eine Verletzung dieser Pflicht kann – hätten sich die Sorgeberechtigten unter dem Eindruck des Willens ihres Kindes vertretbar anders entschieden – je nach Sachlage Schadensersatzansprüche auslösen, obwohl die fehlende Einwilligung des einwilligungsunfähigen Minderjährigen nicht zur Rechtswidrigkeit der medizinischen Maßnahme führt.[56] Allein die Schwierigkeit, das Ausmaß eines Mitspracherechts bis hin zur „Vetomündigkeit“ zu kon-

---

54 *Rothärmel*, Einwilligung, Veto, Mitbestimmung: Die Geltung der Patientenrechte für Minderjährige, 2004, S. 165 ff.; *Golbs*, Das Vetorecht eines einwilligungsunfähigen Patienten, 2006, S. 128 ff.; *Ulsenheimer*, in: Laufs/Kern/Rehborn, Handbuch des Arztrechts, 5. Aufl. 2019, § 149 Rn. 69; *Taupitz*, DJT 2000, A 75 ff.

55 BVerfG NJW 2011, 2113 (Rn. 57 zu einwilligungsunfähigen Volljährigen).

56 Prinzipiell ebenso *Kresse*, MedR 2015, 91; 95; Staudinger/*Gutmann*, BGB, 2021, § 630e Rn. 171; zweifelnd („mit der Architektur der Arzthaftung ... kaum vereinbar“) MüKo-BGB/*Wagner*, 8. Aufl. 2020, § 630e Rn. 61.

kretisieren, spricht noch nicht gegen die Annahme eines solchen Vetorechts, könnte sie sonst doch auch nicht im Betreuungsrecht akzeptiert werden.

Zur Konkretisierung der „Vetofähigkeit" minderjähriger Einwilligungsunfähiger liegt die Annahme eines gleitenden Systems nahe, das sich am Ausmaß der „Selbstbestimmungsfähigkeit im Werden" auszurichten hat. Die bloße Fähigkeit, einen natürlichen Willen zu bilden (z. B. Kleinkinder, die vor drohenden Eingriffen in ihre körperliche Integrität schreien), genügt gewiss ebenso wenig wie sonstige unreflektierte Spontanreaktionen. Zumindest eine ungefähre Vorstellung muss entwickelt werden können.[57]

Namentlich ein Vetorecht liegt jedenfalls im Falle nicht dringlicher, zumal später unumkehrbarer oder gar überhaupt nicht medizinisch indizierter Maßnahmen nahe, man denke an rein kosmetische Eingriffe.[58] In Bezug auf Letzteres dürfte umgekehrt ein entsprechendes Verlangen nach später nachholbaren und nicht medizinisch indizierten Eingriffen von noch nicht einwilligungsfähigen Minderjährigen kaum zu berücksichtigen sein, es sei denn, im Falle der Missachtung drohen schwere psychische Dauerschäden. Sind die Folgen eines Eingriffs oder eines unterbleibenden Eingriffs später nicht mehr umkehrbar, wird sich bei medizinischer Vertretbarkeit gleichfalls ein Abwarten bis zur Erreichung der Einwilligungsfähigkeit anbieten.

Ein solches Vetorecht minderjähriger Einwilligungsunfähiger wirkt indes nur im Innenverhältnis zu den Sorgeberechtigten bei der Konkretisierung des Sorgerechts, nicht aber im Außenverhältnis. Für die Zuerkennung eines Vetorechts mit Außenwirkung mag zwar auf den ersten Blick ggf. die Beibehaltung des medizinischen Status quo sprechen. Doch gewährleistet dieser nicht pauschal die für das Kindeswohl beste Entscheidung.[59] Man wird daher so weit gehen müssen, dass ein relevantes Veto zur Annahme kindeswohlwidrigen Verhaltens der Sorgeberechtigten wegen Nichtberücksichtigung entsprechender Wünsche führt. Dann ist die Entscheidung der Sorgeberechtigten im Rahmen von § 1666 BGB ggf. vom Familiengericht zu korrigieren.[60] Soll entgegen einem Veto des einwilligungsunfähigen Min-

---

57 Siehe *Golbs*, Das Vetorecht eines einwilligungsunfähigen Patienten, 2006, S. 198 f., 223.

58 *Wölk*, MedR 2001, 80, 88; *Coester-Walten*, MedR 2012, 552, 558; gegen ein Vetorecht z. B. *Taupitz*, DJT 2000, A 75 ff., 77.

59 *Gleixner-Eberle*, Die Einwilligung in die medizinische Behandlung von Kindern und Jugendlichen, S. 323.

60 *Gleixner-Eberle*, Die Einwilligung in die medizinische Behandlung von Kindern und Jugendlichen, S. 325.

derjährigen behandelt werden und erweist sich die Entscheidung der Eltern ausnahmsweise als evident kindeswohlwidrig, wäre die Entscheidung der Eltern dagegen aufgrund der Grundsätze über den Missbrauch der Vertretungsmacht selbst im Außenverhältnis nicht mehr vom Sorgerecht gedeckt.[61] Aus Gründen der Rechtssicherheit wird die Behandlungsseite außerhalb von Eilfällen gut beraten sein, den prozeduralen Weg über § 1666 BGB zu beschreiten.

d) Einwilligungsfähige Minderjährige

(1) Stand der Judikatur im Straf- und Zivilrecht

Im Bereich einwilligungsfähiger Minderjähriger laufen die mehrheitlich vertretenen Meinungen, nicht zuletzt im Straf- und Zivilrecht, besonders deutlich auseinander, wenn sich die Entscheidungen des einwilligungsfähigen Minderjährigen und die der sorgeberechtigten Eltern widersprechen.

Die wohl h. M. im Strafrecht steht auf einem relativ einfachen Standpunkt: Einwilligungsfähige Minderjährige können prinzipiell selbst, also ohne Einbeziehung ihrer gesetzlichen Vertreter (zumeist: ihrer Eltern) mit rechtfertigender Wirkung einwilligen; das Sorgerecht wird verdrängt.[62] Allerdings werden an die Einwilligungsfähigkeit durchaus strenge Anforderungen gestellt. Im Ergebnis parallel entschied ein Zivilsenat des BGH[63] im Falle der Schilddrüsenoperation eines fast Volljährigen (damals: kurz vor Vollendung des 21. Lebensjahres Stehenden), dessen Atemwege und Stimmbänder durch den Eingriff verletzt worden waren. Seine Eltern befanden sich – konkret nicht erreichbar – in der damaligen DDR. Die Personensorge stehe – so der BGH seinerzeit – der Einwilligung eines Urteilsfähigen Minderjährigen „jedenfalls“ dann nicht entgegen, wenn die elterliche Zustimmung aus besonderen Gründen nicht zu erlangen ist.

Die genaue Gegenposition, wonach bis zum 18. Lebensjahr die Eltern allein zuständig für die Einwilligung sind, weil das verfassungsrechtlich geschützte Persönlichkeitsrecht selbst des urteilsfähigen Minderjährigen

---

61 Vgl. auch *Rothärmel*, Einwilligung, Veto, Mitbestimmung, S. 195, die dann Rechtswidrigkeit annimmt.

62 RGSt 41, 392 395; BGHSt 4, 88, 90 f.; *Biermann*, in: Ulsenheimer/Gaede, Arztstrafrecht in der Praxis, 6. Aufl. 2021, Rn. 440, Rn. 435 zum Auseinanderlaufen der Zivil- und Strafgerichte.

63 BGHZ 29, 33.

durch das vorrangige Personensorgerecht des gesetzlichen Vertreters „überlagert“ werde,[64] ist verfassungsrechtlich zweifelhaft und vor allem nicht mit §§ 630d Abs. 1 S. 2 BGB kompatibel,[65] wonach es eindeutig der Zustimmung jedes einwilligungsfähigen Patienten bedarf.

Später hat die zivilrechtliche Rechtsprechung die Bedeutung des Sorgerechts indes stärker betont. 1971 meinte der BGH im Falle der Warzenbestrahlung einer Sechzehnjährigen, sowohl die einwilligungsfähige Minderjährige als auch deren gesetzliche Vertreter hätten (kumulativ) wirksam einzuwilligen.[66] 2006 meinte der BGH dann, eine im 16. Lebensjahr stehende Patientin hätte – jedenfalls sofern sie einwilligungsfähig ist – (nur) ein Vetorecht, jedenfalls im Falle relativ indizierter Eingriffe mit möglicherweise erheblichen Folgen für die künftige Lebensgestaltung wie einer Bandscheibenoperation mit dem Risiko eines Querschnitts.[67]

Bis in die jüngste Zeit fehlt der zivilrechtlichen Judikatur eine einheitliche Linie. Teils wird das Co-Konsens-Erfordernis trotz Einwilligungsfähigkeit von um die 16-Jährigen selbst im Falle einer (bloßen) Covid-19-Schutzimpfung (noch) ohne STIKO-Empfehlung[68] oder im Falle einer relativ indizierten Zirkumzision (ohne Zustimmung der Mutter)[69] vertreten, während ein Alleinentscheidungsrecht einwilligungsfähiger Minderjähriger im Falle der Abtreibung im Rahmen der Vorgaben der §§ 218 ff. StGB[70] oder in Bezug auf eine Kreuzbandoperation[71] angenommen worden ist.

64 BeckOK-BGB/*Wendtland*, 1.11.2022, § 107 Rn. 2 (außerhalb unaufschiebbarer Eingriffe und einer pflichtwidrig-missbräuchlichen Ausübung des Sorgerechts).

65 So zu Recht MüKoBGB/*Wagner*, 8. Aufl. 2020, § 630d Rn. 37; *Kreße*, MedR 2015, 91, 92.

66 BGH NJW 1972, 335.

67 BGH NJW 2007, 217; im Ergebnis ähnlich *Coester-Waltjen*, MedR 2012, 552, 559. Zweifelhaft war, dass der BGH meinte, die Aufklärung der Eltern sei im Zweifel von diesen korrekt an die Minderjährige weitergeleitet worden (im Sinne der „stillen Post“).

68 OLG Frankfurt NJW-RR 2021, 1301; OLG Rostock NZFam 2022, 69; OLG Dresden NZFam 2022, 216 (jedenfalls Vetorecht).

69 OLG Frankfurt MedR 2019, 1002.

70 OLG Hamm NJW 2020, 1373.

71 LG München II BeckRS 2020, 26423.

(2) Die Problematik der Zuerkennung bloßer Vetorechte

Gegenüber der Annahme, selbst einwilligungsfähige Minderjährige hätten keine Alleinentscheidungskompetenz, sondern ihnen stehe lediglich ein die Behandlung ablehnendes Vetorecht zu (was auf das Konzept der kumulativen Einwilligungskompetenz hinausläuft[72]), bestehen Bedenken, selbst wenn man zwischen schweren und weniger schweren Eingriffen differenziert.[73] Zum Teil wird das doppelte Einwilligungserfordernis als genereller Grundsatz aus den Regelungen des § 4 Abs. 3 KastrG und des § 40b Abs. 3 AMG bzw. des § 28 Abs. 4 MPDG zur medizinischen Forschung hergeleitet,[74] doch erscheinen diese Normen als Basis für einen entsprechenden generellen Grundsatz als recht speziell und zu schmal.

Auch wenn § 630d Abs. 1 BGB auf ggf. weitergehende Anforderungen an die Einwilligung als dort vorgesehen verweist, wozu das Sorgerecht gezählt werden könnte: Die besseren Gründe sprechen dafür, dem einwilligungsfähigen Minderjährigen die Alleinentscheidungskompetenz zuzugestehen.[75] Wesentlich ist allerdings, dass an die Feststellung der Einwilligungsfähigkeit keineswegs zu geringe Anforderungen gestellt werden dürfen. Der „Veto-Rechtsprechung" wie überhaupt der Befürwortung eines Co-Konsenses im Falle relativ indizierter Entscheidungen mit potenziell erheblichen Folgen liegt die unausgesprochene Sorge zugrunde, in Wahrheit fehle es dem Minderjährigen doch an der vollen (und notwendigen) Einsichts- und Urteilsfähigkeit.[76] Folgerichtig ist die strafgerichtliche Praxis, die ein Alleinentscheidungsrecht einwilligungsfähiger Minderjähriger präferiert, bei der Annahme der Einwilligungsfähigkeit eher vorsichtig und zurückhaltend. Ist indes ein Minderjähriger auch unter Zugrundelegung eher strenger Maßstäbe intellektuell und voluntativ zur konkreten Entscheidung in der Lage, besteht keine Notwendigkeit, dass die Sorgeberechtigen in eine solche Entscheidung „hineinregieren". Der – fraglos sinnvollen und wünschenswerten – Notwendigkeit, aufgrund eines Co-Konsens-Erfordernisses mit

72 *Ohly*, Volanti non fit iniuria, 2002, S. 321 ff.; im Ergebnis auch Staudinger/*Hager*, BGB, 2021, § 823 Rn. I 97 (mit der Ausnahme von Schwangerschaftsabbrüchen; hier solle die Minderjährige allein entscheiden); im Ergebnis ähnlich *Lipp*, MedR 2008, 289, 293 (Einwilligungsbefugnis der Eltern, Vetorecht des urteilsfähigen Minderjährigen).

73 *Coester-Waltjen*, MedR 2012, 552, 559.

74 *Neuner*, Allgemeiner Teil des Bürgerlichen Rechts, § 12 Rn. 11.

75 Ebenso etwa Staudinger/*Peschel-Gutzeit*, BGB, Bearbeitung 2015, § 1626 Rn. 92 ff.

76 Vgl. *Coester-Waltjen*, MedR 2012, 552, 559.

den Eltern als typischen Sorgeberechtigten eine „Diskussionsplattform" zu eröffnen,[77] wird im Falle eines funktionierenden Eltern-Kind-Verhältnisses ohnedies genügt; fehlt es daran, erscheint der Wert einer solchen Diskussion gerade mit den Eltern zweifelhaft. Das gilt erst recht im Falle des Vormunds.

Der alternativ zur Verfügung stehende Weg über § 1666 BGB leidet daran, dass die Eltern zur Auslösung eines Eingreifens des Familiengerichts zwar nicht (mehr) die Missbrauchsgrenze überschreiten müssen, aber dennoch durchaus über Spielräume im Rahmen vertretbarer medizinischer Entscheidungen verfügen.[78] Er ist zudem gerade dann schlecht gangbar, wenn der einwilligungsfähige Minderjährige seine Eltern über seine Krankheit oder Behandlung nicht informiert wissen will. Das gilt umso mehr, als auch seine Patientenautonomie in besonderer Weise verfassungsrechtlich abgesichert ist (Art. 1, 2 GG). Es gibt keinen vernünftigen Grund, einem voll einsichts- und urteilsfähigen Grundrechtsträger zivilrechtlich bzw. einfachrechtlich die unmittelbare Konkretisierung entsprechender grundrechtlicher Positionen zu versagen; die Zustimmung der Sorgeberechtigten ist dann ganz einfach nicht erforderlich.

Die Gegenposition verträgt sich m. E. auch nur schwer mit den grundrechtlichen Positionen Einwilligungsfähiger, gleich ob es sich um Minderjährige oder Volljährige handelt. Zudem ist die Fremdnützigkeit des elterlichen Sorgerechts zu bedenken. Es ist daher umgekehrt so, dass der besonders massive persönlichkeitsrechtliche Einschlag im Falle von Entscheidungen über medizinische Eingriffe in die körperliche Integrität das Sorgerecht überlagern kann.[79]

Bei alledem überzeugt weiter nicht, kategorial zwischen der Zustimmung in Eingriffe und deren Ablehnung zu unterscheiden. Der behandlungsfeindlichste Weg, den das Erfordernis des Co-Konsenses tendenziell anzeigt, ist keineswegs prinzipiell der Königsweg. Oder soll durch die Anerkennung des kumulativen Einwilligungserfordernisses der Sorgeberechtigten wirklich eine vom urteilsfähigen Minderjährigen nachdrücklich gewünschte letzte – mögliche, aber zugunsten bloß palliativmedizinischer Maßnahmen wegen einer geringen Aussicht auf wirkliche Besserung oder gar Heilung nur noch relativ indizierte – Operation mit anschließender Bestrahlung und Chemotherapie vereitelt werden können? Das Eingreifen des

77 *Coester-Waltjen*, MedR 2012, 552, 559.

78 Näher MüKoBGB/*Olzen*, § 1666 Rn. 82 m. w. N.

79 So im Ausgangspunkt auch *Coester-Waltjen*, MedR 2012, 552, 559.

Familiengerichts nach den Maßstäben des § 1666 BGB zur Durchsetzung des Eingriffs wäre in derartigen Fällen wenig einleuchtend. Sorgerechtliche Befugnisse bestehen eben nur, um noch nicht vorhandene Fähigkeiten des Kindes zu ersetzen. Insbesondere im unmittelbaren Kernbereich des Persönlichkeitsrechts, zu dem die Patientenautonomie gewiss zu rechnen ist, sollte sich daher die elterliche Sorge dort zurückziehen, wo der Minderjährige zur Selbstbestimmung selbst in der Lage ist.[80] Nur dort, wo er es (noch) nicht ist, ist der Weg über § 1666 BGB angezeigt. Ist unklar, ob die Voraussetzungen der Einwilligungsfähigkeit vorliegen, mag zur Absicherung der Behandlungsseite ähnlich wie im Kontext des § 1829 BGB ein sog. Negativtestat auch für § 1666 BGB in dem Sinne eingeholt werden, dass wegen Einwilligungsfähigkeit keine familiengerichtliche Entscheidung erforderlich ist.[81]

Das alles gilt m. E. auch für den viel diskutierten Bereich der Schwangerschaftsabbrüche, bei denen freilich auch die gesetzlichen Rahmenbedingungen für ein Alleinentscheidungsrecht der minderjährigen einwilligungsfähigen Schwangeren andere sind: Gemäß § 6 Abs. 3 Nr. 3 SchwangerschaftskonfliktG dürfen sogar die Eltern zu dem Beratungsgespräch nach §§ 218a, 219 StGB nur im Einvernehmen mit der Minderjährigen beigezogen werden.[82]

Besondere Vorsicht – einerseits aufgrund der Aufschiebbarkeit der Maßnahme, andererseits aufgrund des Fehlens jeder medizinischen Indikation – ist bei der Annahme der Einwilligungsfähigkeit in Bezug auf rein kosmetische Eingriffe mit irreversiblen oder zumindest nicht vollständig korrigierbaren Folgen (wozu auch die Sterilisation, die Minderjährigen ganz versperrt ist, gehört, § 1631c BGB) und nicht unerheblichen gesundheitlichen Risiken angezeigt. Ggf. ist insoweit ein von Heranwachsenden kollektiv ausgelöster Drang zu derartigen Eingriffen in Rechnung zu stellen. Da die Einwilligungsfähigkeit Minderjähriger die besonders zu begründende Ausnahme darstellt, spricht hier – vorbehaltlich besserer sachverständiger Erkenntnis – viel für eine denkbar restriktive Annahme der Einwilligungsfähigkeit vor Erreichen der Volljährigkeitsgrenze.[83] Hinzu kommt, dass aufgrund der Aufschiebbarkeit der Maßnahme der Eingriff in das Persönlich-

80 Siehe dazu auch BVerfGE 59, 360, 387.

81 BGHZ 202, 226 = FamRZ 2014, 1909 m. Anm. *Spickhoff.*

82 Eingehend *Ahmend-Traut/Bongartz*, FamRZ 2016, 5, 6 ff.; übereinstimmend OLG Hamm NJW 2020, 1373.

83 Übereinstimmend MüKoBGB/*Wagner*, § 630d Rn. 43.

keitsrecht des Minderjährigen typischerweise einen geringeren Tiefengrad erreicht als im Falle unaufschiebbarer Maßnahmen mit später nicht mehr umkehrbaren Konsequenzen. Einen kostenpflichtigen Behandlungsvertrag kann ein Minderjähriger – mangels Einstandspflicht auch der GKV[84] – insoweit ohne Zustimmung der Eltern ohnedies nicht abschließen (§ 107 BGB).

Hinzu kommt ein Weiteres: Soweit ein Co-Konsens als erforderlich angesehen wird (also kein geringfügiger Eingriff vorliegt oder stets ein Co-Konsens verlangt wird), fühlt sich die zivilrechtliche Judikatur zu weiteren Differenzierungen genötigt,[85] was die geringe Rechtssicherheit noch weiter relativiert. Bereits die Differenzierung zwischen „schweren" und „weniger schweren" Eingriffen hat ganz offenbar zu einer uneinheitlichen Judikatur geführt. Hinzu kommt, dass das Verhältnis dieser Judikatur zur folgenden Unterscheidung unklar ist. Danach soll in Routinefällen der Konsens eines Elternteils genügen; auf den Konsens des anderen darf der Arzt vertrauen. Bei ärztlichen Eingriffen schwererer Art mit nicht unbedeutenden Risiken hat der Arzt den anwesenden Elternteil (nur) zu fragen, ob der andere auch einverstanden ist. Bei schwierigen und weitreichenden Entscheidungen über die Behandlung mit erheblichen Risiken für das Kind ist erforderlich, dass die Behandlungsseite den anderen (nicht anwesenden) Elternteil persönlich nach seiner Einwilligung fragt. Haftungs- und strafrechtlich geht es dabei m. E. darum, wann (ggf. schuldhafte) Irrtümer in Bezug auf den erforderlichen Doppelkonsens seitens beider Eltern angenommen werden können (oder nicht).

Alle diese zusätzlichen Unwägbarkeiten und Differenzierungen vermeidet, wer – wie die h. M. im Strafrecht – von vornherein dem einwilligungsfähigen Minderjährigen die Alleinentscheidungskompetenz zuerkennt.

3. Zur Einheit und Widerspruchsfreiheit der Rechtsordnung: Fazit und Konsequenzen

a) Befund

Jedenfalls ergibt sich als Fazit das Bild eines deutlich überdifferenzierten und obendrein unklaren Rechtszustandes. Praktische Ergebnisse sind für

84 Spickhoff/*Nebendahl*, Medizinrecht, 2. Aufl. 2014, § 39 SGB V Rn. 4.

85 Im Anschluss an BGH NZFam 2017, 561 (Schutzimpfungen für ein 4 Jahre altes Kind); OLG Frankfurt MedR 2019, 1002 (relativ indizierte Zirkumzision).

invasive Eingriffe bei einwilligungsfähigen Minderjährigen zu Lasten der Behandlungsseite letztlich nicht prognostizierbar. Das beschwört ein unerträgliches Rechtsrisiko für alle Betroffenen, nicht zuletzt für Ärzte, herauf. Damit verbunden ist die große Gefahr einer generell „defensivmedizinischen“ Grundhaltung, wenn es um die Behandlung solcher jugendlicher Minderjähriger geht.

b) Relativierung der „Einheit der Rechtfertigungsgründe“: Die Einwilligung als „rechtsgebietsspezifischer“ Rechtfertigungsgrund?

Für die bereits angedeutete Grundtendenz, einwilligungsfähigen Minder- wie Volljährigen in letzter Konsequenz ein Alleinentscheidungsrecht in Bezug auf ärztliche Heileingriffe zuzugestehen, spricht auf den ersten Blick ferner, dass dadurch die Übereinstimmung der zivilrechtlichen mit der im Strafrecht vorherrschenden Tendenz erhalten bleibt bzw. wiederhergestellt würde.

Selbst ein solcher Begleiteffekt verlöre freilich an Gewicht, wenn in Übereinstimmung mit der Bemerkung eines Strafsenats des BGH[86] der Verlauf der Grenze einer rechtfertigenden Einwilligung ebenso wie die Reichweite einer rechtfertigenden Einwilligung eine rein „strafrechtsspezifische“ Frage ist, die „im Grundsatz autonom nach materiell-strafrechtlichen Kriterien“ zu beantworten wäre. Immerhin meinte der BGH später ergänzend, das Betreuungsrecht (namentlich die §§ 1827 ff. BGB) sei als verfahrensrechtliche Absicherung für die Verwirklichung des Selbstbestimmungsrechts von Patienten unter dem Gesichtspunkt der Einheitlichkeit der Rechtsordnung zu berücksichtigen[87] – mehr aber nicht, und eine „Berücksichtigung“ bedeutet juristisch bekanntlich weniger als die schlichte „Anwendung“. Ein (freilich kaum tragfähiger) Grund für diese konkret nicht veranlasste und fragwürdige Relativierung des bislang mehrheitlich akzeptierten Grundsatzes, dass Rechtfertigungsgründe rechtsgebietsübergreifend anzuwenden sind,[88] dürfte in einem spürbaren Unbehagen da-

---

86 BGH NJW 2010, 2963 = FamRZ 2010, 1551.

87 BGH NJW 2011, 162; kritisch *Verrel*, NStZ 2011, 274, 277.

88 Siehe bereits *v. Liszt*, Die Deliktsobligationen im System des Bürgerlichen Gesetzbuches, 1898, S. 85; *Zitelmann*, AcP 99 (1899), 15 ff.; *Heck*, Grundriss des Schuldrechts, 1929, S. 441; aus neuerer Zeit *Fikentscher/Heinemann*, Schuldrecht, 10. Aufl. 2006, Rn. 640; RGRK/*Steffen*, BGB, 12. Aufl. 1989, § 823 Rn. 376; Soergel/*Spickhoff*, BGB, 13. Aufl. 2005, § 823 Rn. 117; *Deutsch*, Allgemeines Haftungsrecht, 2. Aufl. 1996,

rüber liegen, dass zahlreiche Problemlagen – man denke an die Einwilligung und Aufklärung (§§ 630d, 630e BGB), Patientenverfügungen oder die Beschneidung (§ 1631d BGB)[89] – trotz deutlicher strafrechtlicher Herkunft oder Implikation im BGB geregelt worden sind. Die Stimme des Strafrechts ist in der Diskussion offenbar nicht gebührend berücksichtigt worden. Das begünstigt die Neigung zu dogmatischer Autarkie.

Gibt es überhaupt zwingende Gründe, die für ein Übergreifen der zivilrechtlichen Rechtfertigungsgründe, namentlich der Einwilligung in all ihren Facetten, auf andere Rechtsgebiete, insbesondere auf das Strafrecht, sprechen? Im Schrifttum wird durchaus eine möglicherweise uneinheitliche Bestimmung bzw. Konkretisierung des Begriffs der Rechtswidrigkeit je nach Rechtsgebiet als denkbar angesehen. In Bezug auf das mögliche Hereinspielen sorgerechtlicher Wertungen in den Problemkreis der rechtfertigenden Einwilligung in medizinische Behandlungen Minderjähriger ist vertreten worden, es gehe im Zivilrecht insoweit lediglich um die Beschränkung der Personensorge, während im Strafrecht die Frage nach der Rechtfertigung des Arztes im Mittelpunkt stehe.[90]

Ausschlaggebend für eine rechtsgebietsübergreifende Wirkung von Rechtfertigungsgründen ist zum einen, ob von den Zweckrichtungen her das Zivil- und das Strafrecht insoweit übereinstimmen.[91] In Bezug auf den Zweck des Rechtfertigungsgrundes der Einwilligung ist im Zivilrecht ebenso wie im Strafrecht anerkannt, dass hierdurch zuvörderst das verfassungsrechtlich verbürgte Selbstbestimmungsrecht des Patienten geschützt werden soll. Ob und inwieweit dabei neben dem Patienten und der Behandlungsseite dritte Personen als Entscheidungsträger (Betreuer, Sorgeberechtigte) und in welcher Weise (volle Entscheidung, Vetorecht, überhaupt keine Mitwirkungsrechte) mit einzubeziehen sind, das kann jedenfalls nicht aus Gründen einer voreiligen Abschottung des einen Rechtsgebiets gegenüber dem anderen entschieden werden. Auch die Reichweite des Sorgerechts hat sich am Ausmaß der Fähigkeit zur Selbstbestimmung aus-

---

Rn. 260 f.; MüKoBGB/*Wagner*, § 823 Rn. 74; *Kötz/Wagner*, Deliktsrecht, 13. Aufl. 2016, Rn. 204, 205.

89 Dazu *Spickhoff*, FamRZ 2013, 337.

90 *Lesch*, NJW 1989, 2309, 2310; *Deutsch*, Festschr. f. Wahl, 1973, S. 339, 348 (außer der unrechtsausschließenden sei auch eine lediglich haftungsbeseitigende Einwilligung denkbar, wohingegen die Einwilligung im Strafrecht die Rechtswidrigkeit generell ausschließe).

91 Siehe dazu auch *Gleixner-Eberle*, Die Einwilligung in die medizinische Behandlung Minderjähriger, S. 271 ff. m. w. N.

zurichten. Zudem hat der Gesetzgeber jedenfalls bei Erlass des Patientenrechtegesetzes keine rein zivilrechtsautonome Regelung treffen wollen. Das zeigt deutlich das ins Strafverfahren reichende Beweisverwendungsverbot des § 630c Abs. 2 Sätze 2 und 3 BGB.[92]

c) Drohender Widerspruch der Rechtsordnung in sich?

Zudem ist die Gefahr eines echten Normenwiderspruchs zu vermeiden. Diese Möglichkeit entsteht jedoch, wenn die Einwilligung als Rechtfertigungsgrund im Zivilrecht anders als im Strafrecht gedeutet wird. Denn die wirksame Einwilligung begründet nicht nur eine Einwilligungsbefugnis, sondern mit ihr kann im Rahmen eines wirksamen Behandlungsvertrages oder auch unter dem Aspekt der sogenannten Gefahrübernahme eine Eingriffspflicht des Arztes einhergehen.

Das sei exemplarisch anhand einer unkoordinierten Befolgung der „Veto-Lösung“ bei voll einwilligungsfähigen Minderjährigen im Zivilrecht und deren Ablehnung im Strafrecht gezeigt. Die „Veto-Lösung“ käme in einer entsprechenden Konstellation ohne Co-Konsens der Sorgeberechtigten zur Rechtswidrigkeit des ärztlichen Eingriffs. Die Mehrheitsmeinung im Strafrecht würde dagegen die Rechtmäßigkeit des ärztlichen Verhaltens mit wirksamer Einwilligung des aufgeklärten Minderjährigen bejahen, ja mehr noch: Der Arzt wäre auf Grund eines wirksamen Behandlungsvertrages (den ein gesetzlich versicherter Minderjähriger schließen kann[93]) oder unter dem Aspekt der Gefahrübernahme je nach Sachlage sogar zum Eingriff verpflichtet. Unterlässt er ihn – weil „zivilrechtlich“ rechtswidrig und ggf. mit Haftung bedroht – käme konsequent aus strafrechtlicher Sicht im Einzelfall sogar gleichwohl eine Strafbarkeit wegen Unterlassens (§ 13 StGB) in Betracht. Es bestünde also die Gefahr, dass ein Mediziner nach der strafrechtlichen Perspektive handeln darf und ggf. sogar handeln muss, während ihm unter dem Aspekt der „Veto“-Perspektive der Eingriff als rechtswidrig untersagt wäre. Das sei anhand des Beispiels einer Covid-19-Impfzusage gegenüber einem einwilligungsfähigen Jugendlichen verdeutlicht. Hält der Arzt seine gegebene Zusage aufgrund des Fehlens der Einwilligung auch nur eines Elternteils nicht ein, infiziert sich der Jugendliche und entwickelt obendrein einen schweren Verlauf, den die Impfung verhindert hätte, droht die Strafbarkeit. Hält er sie ein und der Jugendliche entwickelt

92 Dazu näher *Spickhoff*, JZ 2015, 15.
93 Wie unter III. 3. dargelegt.

ausnahmsweise ein impfbedingtes Blutgerinnsel, würde er haften. Damit steht man vor einem echten Normenwiderspruch: Gleich, wie der Arzt sich nun verhält, es droht je nach zufälligem Verlauf das Risiko der Strafbarkeit oder der Haftung.

Solche Konsequenzen nötigen geradezu zu der Erkenntnis, dass die Einwilligung und damit auch die Einwilligungsfähigkeit als wesentliche Voraussetzungen im zivilen Haftungsrecht und im Strafrecht rechtgebietsübergreifend parallel zu konkretisieren sind.

d) Ausblick: Lösungsoptionen de lege ferenda

Nun sieht es kaum danach aus, dass sich die Rechtsprechung der Zivil- und Strafgerichte in absehbarer Zeit im eben genannten Sinne annähern. Daher ist an sich der Gesetzgeber aufgerufen, tätig zu werden.[94] Die gewissermaßen „große Lösung“ liegt in einer dringend erforderlichen allgemeinen Regelung der Einwilligungsfähigkeit und ihrer Folgen, und zwar in dem Sinne, dass einwilligungsfähige Minderjährige nicht anders als einwilligungsfähige Volljährige in letzter Konsequenz als Ausdruck des verfassungsfesten Selbstbestimmungsrechts allein entscheiden dürfen. Prämisse ist eine sorgfältig-vorsichtige Feststellung der Einwilligungsfähigkeit, die eben im Bereich der Minderjährigen nicht vermutet wird, mag sie auch kurz vor dem Erreichen der Volljährigkeit naheliegen. In Zweifelsfällen bleibt es bei der vermutet fehlenden Einwilligungsfähigkeit Minderjähriger. Gerichte müssten nur dann ggf. bei Dissens der Sorgeberechtigten wie in sonstigen Fällen einwilligungsunfähiger Minderjähriger angerufen werden.

Da der Gesetzgeber indes schon 2013 keine Neigung gezeigt hat, die Frage anzugehen, bleibt als Alternative eine „kleine“ Lösung. Sie könnte – der modernen Gesetzgebung der kleinen Schritte und kleinteiligen Regelungen gemäß – darin bestehen, wenigstens im IfSG – ähnlich wie auch die Frage der Triage allein in § 5c IfSG nur segmenthaft aufgrund der Forderung des BVerfG[95] geregelt worden ist – in Anlehnung an die Rechtslage in Österreich Minderjährige z. B. ab ihrem 14. Geburtstag die Alleinentscheidung für eine nun in der Tat ungefährliche Covid-19-Impfung zuzugeste-

94 Zu weiteren Vorschlägen in Bezug auf die Geschäftsfähigkeit *Spickhoff*, FamRZ 2018, 412, 417 f. m. w. N.

95 NJW 2022, 380 = MedR 2022, 212 m. Anm. *Gutmann* = JZ 2022, 145 m. Anm. *Hilgendorf*.

hen. Freilich ist der rechtspolitische Handlungsdruck selbst für eine solch bescheidene Variante mittlerweile gottlob kaum noch vorhanden.

Psychotherapie: Praktische Aspekte der Einwilligungsfähigkeit bei Kindern und Jugendlichen

*Diplom-Psychologin Sabine Maur**

I. Einleitung

Die Fähigkeit zur Einwilligung in eine psychotherapeutische Behandlung nimmt in der Berufsordnung der Psychotherapeut*innen einen zentralen Platz ein. Die Muster-Berufsordnung (MBO, BPtK 2022) der Psychotherapeut*innen stellt in § 7 fest: „(1) Jede psychotherapeutische Behandlung bedarf der Einwilligung und setzt die mündliche Aufklärung durch die Psychotherapeut*in (...) voraus. (...) (3) Die Aufklärung hat vor Beginn der Behandlung in einer auf Befindlichkeit und Aufnahmefähigkeit der Patient*in abgestimmten Form und so rechtzeitig zu erfolgen, dass der Patient seine Entscheidung über die Einwilligung wohlüberlegt treffen kann. Treten Änderungen im Behandlungsverlauf auf oder sind erhebliche Änderungen des Vorgehens erforderlich, ist der*die Patient*in auch während der Behandlung darüber aufzuklären."

Die Berufsordnung macht auch Vorgaben dazu, worüber aufgeklärt werden muss (§ 7 II MBO):

> „(2) Psychotherapeut*innen unterliegen gegenüber ihren Patient*innen einer Aufklärungspflicht über sämtliche für die Einwilligung wesentlichen Umstände, insbesondere über Art, Umfang, Durchführung, zu erwartende Folgen und Risiken der Maßnahme sowie ihre Notwendigkeit, Dringlichkeit, Eignung und Erfolgsaussichten im Hinblick auf die Diagnose oder die Therapie. Bei der Aufklärung ist auch auf Alternativen zur Maßnahme hinzuweisen, wenn mehrere gleichermaßen indizierte und übliche Methoden zu wesentlich unterschiedlichen Belastungen, Risiken oder Heilungschancen führen können. Die Aufklärungspflicht umfasst weiterhin die Klärung der Rahmenbedingungen der Behandlung, z. B.

---

* *Sabine Maur*, Psychologische Psychotherapeutin mit Zusatzqualifikation Kinder- und Jugendlichenpsychotherapie. Niedergelassen in eigener Praxis in Mainz. Präsidentin der Landespsychotherapeutenkammer Rheinland-Pfalz.

> Honorarregelungen, Sitzungsdauer und Sitzungsfrequenz und die voraussichtliche Gesamtdauer der Behandlung."

In der Berufsordnung wird explizit zur Einwilligungsfähigkeit von Minderjährigen ausgeführt (§ 12):

> „(2) Einwilligungsfähig in eine psychotherapeutische Behandlung sind Minderjährige nur dann, wenn sie über die behandlungsbezogene natürliche Einsichtsfähigkeit verfügen. Verfügt der*die Patient*in nicht über diese Einsichtsfähigkeit, sind Psychotherapeut*innen verpflichtet, sich der Einwilligung des*der Sorgeberechtigten zu der Behandlung zu vergewissern. (...) (5) Einsichtsfähige minderjährige Patient*innen sind umfassend gemäß § 7 aufzuklären. Ihre Einwilligung in die Behandlung ist einzuholen."

In ihrem Kommentar zur MBO unterstreichen *Stellpflug und Berns* zentrale Sachverhalte bzgl. Einwilligung und Aufklärung noch einmal: „Eine psychotherapeutische Behandlung ohne Einwilligung ist unzulässig. (...) Der einwilligungslose Heileingriff gilt als „Körperverletzung" und kann zu strafrechtlichen Sanktionen und Schadensersatzansprüchen des Patienten führen."[1]

Es ergeben sich unmittelbar zwei praktische Fragen für die behandelnde Psychotherapeutin: Was wird eigentlich unter Einsichtsfähigkeit verstanden, und wie wird die Einsichtsfähigkeit einer minderjährigen Patientin bestimmt?

In der Praxis wird die Einsichtsfähigkeit selten vertieft bestimmt, weil der Regelfall in der ambulanten Psychotherapie folgender ist: die Minderjährige hat Leidensdruck und möchte Hilfe, ihre Eltern unterstützen sie bei der Therapiesuche und -durchführung, Psychotherapie ist freiwillig, geplant und mit relativ wenigen Nebenwirkungen verbunden. Hier sind schon wesentliche Prozesse der Einsichts- und Einwilligungsfähigkeit abgelaufen, bevor es überhaupt zur tatsächlichen Behandlungsaufnahme kommt, so dass es in der Regel keinen Anlass für die Psychotherapeut*in gibt, die Einwilligungsfähigkeit noch einmal intensiver zu prüfen als dies im Rahmen der Aufklärungspflicht (§ 7 II MBO) grundsätzlich zu erfolgen hat.

---

1 *Stellpflug/Berns*, Musterberufsordnung für die Psychotherapeuten: Text und Kommentierung, 4. Auflage, Heidelberg 2020, 131.

Folgende nicht seltene Konstellationen in der Psychotherapie mit Minderjährigen können aber eine positive Bestimmung der Einsichtsfähigkeit erfordern:

1. Die Jugendliche möchte nicht, dass die Sorgeberechtigten von der psychotherapeutischen Behandlung erfahren (Psychotherapeutin ist schweigepflichtig).
2. Die Jugendliche gibt an, dass die Eltern einer Behandlung nicht zustimmen würden oder keine Übereinstimmung hinsichtlich der Ziele der (psychotherapeutischen) Behandlung bestünden. Ein solcher Dissens ist beispielsweise bisweilen der Fall bei hochstrittigen Eltern, bei der Behandlung von Geschlechtsdysphorie und der damit verbundenen Frage der psychotherapeutischen Indikationsstellung bzgl. geschlechtsangleichenden Maßnahmen sowie möglicherweise zukünftig im Hinblick auf die Befüllung und Einsichtnahme bei der elektronischen Patientenakte (ePA).

Für die Psychotherapeutin bedeutet dies m.E. im Fall von Psychotherapie inanspruchnehmenden Minderjährigen konkret zweierlei: zum einen muss sie die Einwilligungsfähigkeit der Minderjährigen positiv bestimmen, zum anderen sind die „besonderen Gründe“ (s.u.), die Sorgeberechtigten nicht zu informieren, zu dokumentieren.

Sozialrechtlich ist zu berücksichtigen, dass Jugendliche ab 15 Jahren eine Psychotherapie aufnehmen können ohne Einwilligung der Sorgeberechtigten: „Mit vollendetem 15. Lebensjahr ist ein gesetzlich krankenversicherter Jugendlicher berechtigt, Anträge auf Sozialleistungen in eigenem Namen zu stellen (§ 36 I SGB I, sog. Handlungsfähigkeit). Der Leistungserbringer soll den gesetzlichen Vertreter darüber informieren, d.h. in der Regel muss er es tun, es sei denn, besondere Gründe liegen vor, die die Anwendung der Regel nicht sinnvoll erscheinen lassen.“[2] Zu den „besonderen Gründen“, die nicht weiter ausgeführt sind, dürften die zuvor genannten Punkte 1 und 2 gehören.

Diese Gründe berühren zwei wichtige ethische Fragen, nämlich zum einen die Frage nach Autonomie und Selbstbestimmung, und zum anderen die Gefahr der sog. „Defensivmedizin“, nämlich die möglicherweise schlechtere Versorgung von Minderjährigen (hier: mit einer psychischen

---

2 *Stellpflug/Berns*, Musterberufsordnung für die Psychotherapeuten: Text und Kommentierung, 4. Auflage, Heidelberg 2020, 255.

Erkrankung), wenn die Sorgeberechtigten nicht zustimmen und deshalb keine Behandlung der Minderjährigen erfolgt.

So konstatiert *Damm*[3] einen „gesundheitsbezogenen Bedeutungszuwachs von Autonomiekonzepten und Selbstbestimmungspostulaten" mit einem „Spannungsverhältnis zwischen Selbstbestimmung mit der Gefahr der Selbstschädigung einerseits und der Fürsorge für Betroffene mit der Gefahr der Fremdbestimmung andererseits". Die Stärkung von Selbstbestimmung und shared decision making haben damit patriarchale Konzepte endlich abgelöst: „Der Arzt hat keine ‚Vernunfthoheit' über den Willen des Patienten."[4]

Schumann hebt auch auf das Grundrecht der Selbstbestimmung bei Minderjährigen ab, wenn er schreibt: „Ursprung und Zweck des Einwilligungserfordernisses bildet das Selbstbestimmungs(grund)recht. Nur dieses kann als kollidierendes Verfassungsrecht das Elternrecht überhaupt beschränken."[5] Er folgert, dass aus dem Selbstbestimmungsrecht ein „Verfügungsrecht über den eigenen Körper [folgt] und damit einhergehend auch das Recht zur je eigenen – und sei es „unvernünftigen" – Entscheidung."[6]. *Katzenmeier* weist darauf hin, dass „nach dem Personensorgerecht die Eltern nicht die Befugnis [haben], unvernünftige Entschlüsse zum Nachteil ihres Kindes zu fassen, ihre Entscheidungsfreiheit ist wesentlich enger als die eines Kranken im Blick auf seine eigene Person".[7]

Valerius diskutiert in diesem Zusammenhang die Schlussfolgerung, dass wenn ein Minderjähriger einsichts- und einwilligungsfähig sei, eine Zustimmung der Sorgeberechtigten für Eingriffe oder Behandlungen *nicht* mehr einzuholen sei: „Selbst deren ausdrücklicher Widerspruch ist bei konsequenter Betrachtung des Selbstbestimmungsrechts des minderjährigen, einwilligungsfähigen Patienten unbeachtlich. Vielmehr besteht weder eine Pflicht noch ein Recht des Arztes, die Eltern zu informieren. Geschieht dies gegen den Willen des minderjährigen Patienten, drohte sich der Arzt sogar wegen Verletzung von Privatgeheimnissen nach Paragraph 203 Abs. 1

3 *Damm,* Einwilligungsunfähige Personen – Rechtskonzept der Einwilligungsfähigkeit und Teilhaberecht, Bundesgesundheitsblatt, 59 (2016), 1075.

4 *Valerius,* Die Einwilligungsfähigkeit Minderjähriger, RdJB 66 (2018), 245.

5 *Schumann,* Die Selbstbestimmung einwilligungsfähiger Minderjähriger in der medizinischen Behandlung, RW Heft 1 (2018), 74.

6 *Schumann,* Die Selbstbestimmung einwilligungsfähiger Minderjähriger in der medizinischen Behandlung, RW Heft 1 (2018), 76.

7 *Katzenmeier,* Aufklärungspflicht und Einwilligung, in: Laufs/Katzenmeier/Lipp (Hrsg.), Arztrecht, München 2021, 145.

StGB strafbar zu machen. Unumstritten ist diese Schlussfolgerung aus der Einwilligungsfähigkeit des minderjährigen Patienten allerdings weder im Schrifttum noch in der Rechtsprechung."[8]

Letztere Feststellung lässt Behandler*innen mit großen Fragezeichen zurück. So schreibt *Gutmann* bezogen auf die rechtliche Lage insgesamt: „Die Rechtslage bei der Einwilligung Minderjähriger erscheint (...) weiterhin unklar. Bei dieser Frage hat sich die deutsche Zivilrechtsprechung keine Meriten verdient; der Stand der Debatte in der Literatur ist nur kakophonisch zu nennen. Im Zentrum der Diskussion steht das verfassungsrechtliche Spannungsverhältnis zwischen dem Selbstbestimmungsrecht des Minderjährigen (Art 2 Abs 2 S 1 GG) und dem Elternrecht (Art 6 Abs 2 GG)."[9] Die fehlenden juristischen Standards finden ihre Entsprechung in den fehlenden medizinischen bzw. psychotherapeutischen Standards, insb. im Bereich minderjähriger Patient*innen.

II. Psychiatrische, psychologische und medizinethische Aspekte der Einwilligungsfähigkeit

Helmchen et al.[10] beschrieben aus ihrer Arbeit mit Demenzkranken heraus vier Aspekte der Einwilligungsfähigkeit, die in der Folge im deutschsprachigen Raum immer wieder zitiert (aber sehr selten elaboriert) wurden:

1. Fähigkeit, einen bestimmten Sachverhalt zu verstehen,
2. Fähigkeit, die Information in rationaler Weise zu verarbeiten,
3. Fähigkeit, die Information angemessen zu bewerten,
4. Fähigkeit, den eigenen Willen auf der Grundlage von Verständnis, Verarbeitung und Bewertung der Information zu bestimmen und zu äußern.

Die Medizinethiker *Beauchamp* und *Childress*, deren vier grundlegende ethische Prinzipien Autonomie, Nicht-Schaden, Fürsorge/Nutzen sowie Gerechtigkeit auch Eingang in die Berufsordnung der Psychotherapeut*innen gefunden haben, beschreiben ein noch differenzierteres Modell des *informed consent* (Abb. 1; es existiert keine deutsche Übersetzung). Sie pos-

8 *Valerius*, Die Einwilligungsfähigkeit Minderjähriger, RdJB 66 (2018), 250.

9 *Gutmann*, in: J. von Staudingers Kommentar zum Bürgerlichen Gesetzbuch mit Einführungsgesetz und Nebengesetzen, Buch 2: Recht der Schuldverhältnisse §§ 630a–630h (Behandlungsvertrag), Berlin 2021, 355 Rn. 84.

10 *Helmchen/Lauter/Amelung*, Dürfen Ärzte mit Demenzkranken forschen? Analyse des Problemfeldes Forschungsbedarf und Einwilligungsproblematik, Stuttgart 1995.

tulieren darin Bedingungen für eine mögliche Einwilligung, die zu prüfen sind, nämlich die Kompetenz zu verstehen und zu entscheiden sowie die Freiwilligkeit hinsichtlich der Entscheidung. In der zweiten Stufe geht es um die Vermittlung von relevanten Informationen und die Empfehlung eines Behandlungsplans sowie die Fähigkeit, diese beiden Aspekte zu verstehen. An dritter Stelle steht die eigentliche Einwilligung in einen Behandlungsplan sowie die Autorisierung dieses Plans.

Abb. 1: Informed Consent Model[11]
I. Threshold elements (preconditions)
1. Competence (ability to understand and decide) 2. Voluntariness (in deciding)
II. Information elements
3. Disclosure (of material information) 4. Recommendation (of a plan) 5. Understanding (of 3 and 4)
III. Consent elements
6. Decision (in favor of a plan) 7. Authorization (of the chosen plan)

Kröber veröffentlichte 1998 psychiatrische Kriterien, anhand derer die Einsichtsfähigkeit geprüft werden könne im Sinne eines „praktischen Vorgehens". Dabei bezog er sich vor allem auf Erwachsene. Er stellte dabei die auch in der Psychotherapie mit Minderjährigen relevante Feststellung voran, dass es keine psychische Erkrankung gäbe, bei der die Einwilligungsfähigkeit a priori ausgeschlossen sei.[12] Ausnahmen seien hier nur „Störungen, bei denen die Unmöglichkeit zur sinnhaften zwischenmenschlichen Kontaktaufnahme essentieller Bestandteil der diagnostischen Kriterien ist". So schreibt er zur Frage der kognitiven Funktionen: „Sind diese infolge hochgradiger Orientierungs-, Auffassungs- und Gedächtnisstörungen nicht gegeben, so kann man die weitere Untersuchung unter diesem Aspekt bereits abbrechen: diese Fähigkeiten sind nicht kompensierbar, Einwilli-

11 *Beauchamp/Childress*, Principles of Biomedical Ethics, New York 2019.

12 *Kröber*, Psychiatrische Kriterien zur Beurteilung der Einwilligungsfähigkeit, Rechtsmedizin 8 (1998), 42.

gungsfähigkeit ist nicht gegeben."[13] *Kröber* macht auch explizit, dass seines Erachtens nach die Bereitschaft zur tieferen Auseinandersetzung mit Krankheit und Behandlung *kein* Kriterium der Einwilligungsfähigkeit sei: „Die Verweigerung einer intensiveren Auseinandersetzung mit der medizinischen Problematik ist das gute Recht des Patienten und stellt weder seine Einwilligungsfähigkeit noch seine Entscheidung in Frage."[14] Insgesamt sei die subjektive Bewertung der Informationen durch die Patientin „am schwersten zu operationalisieren und zu beurteilen".[15]

Zur Prüfung der Einsichtsfähigkeit schlägt *Kröber* strukturierte Fragen vor, um zu eruieren, ob die relevanten Information verstanden und bewertet worden und ein Wille gebildet und geäußert wurde. Ein ähnliches, noch stärker elaboriertes Vorgehen findet sich in der 2020 veröffentlichten interdisziplinären S2k-Leitlinie zur „Einwilligung von Mensch mit Demenz in medizinische Maßnahmen"[16]. Auch hier werden konkrete Fragen vorgeschlagen, um möglichst systematisch die zentralen Aspekte der Einsichtsfähigkeit prüfen und dokumentieren zu können.

Aus psychologischer Sicht wurde zeitweilig gehofft, man könne einen psychologischen Test zur Einsichtsfähigkeit entwickeln, dies erwies sich aber als eine vergebliche Suche „nach dem heiligen Gral"[17]. Versuche standardisierter Interviews wie z.B. das MacArthur Competence Assessment Tool-Treatment (MacCAT-T) haben sich im Behandlungsalltag nicht durchgesetzt. Auch eine Gleichsetzung von Einsichtsfähigkeit mit bereits bestehenden psychologischen Konstrukten wie z.B. Intelligenz ist zu einengend und berücksichtigt zentrale Parameter wie z.B. biographische Erfahrungen, Werte, Emotionen, Exekutivfunktionen und gesellschaftliche

---

13 *Kröber*, Psychiatrische Kriterien zur Beurteilung der Einwilligungsfähigkeit, Rechtsmedizin 8 (1998), 43.

14 *Kröber*, Psychiatrische Kriterien zur Beurteilung der Einwilligungsfähigkeit, Rechtsmedizin 8 (1998), 43.

15 *Kröber*, Psychiatrische Kriterien zur Beurteilung der Einwilligungsfähigkeit, Rechtsmedizin 8 (1998), 44.

16 DGGG, DGPPN & DGN (Hrsg.), Einwilligung von Menschen mit Demenz in medizinische Maßnahmen, Interdisziplinäre S2k-Leitlinie für die medizinische Praxis (AWMF-Leitlinie Registernummer 108 – 001), Stuttgart 2020.

17 *Shaw*, Competence and consent to treatment in children and adolescents, Advances in Psychiatric Treatment 7 (2011), 151.

Einflüsse nicht.[18] *Fegert et al.* weisen darauf hin, dass Einwilligungsfähigkeit „kein statisches Konzept oder eine statische „Kompetenz" ist."[19]

Gleichzeitig wird immer wieder zu Recht darauf hingewiesen, dass die Ansprüche an die Einsichtsfähigkeit von Minderjährigen nicht höher sein dürfen als an die von Erwachsenen: „It is important not to set higher standards for competence than would be expected for adults".[20] Denn während die Einsichtsfähigkeit bei Minderjährigen aktiv zu bestimmen ist, wird sie bei Erwachsenen „vermutet".[21]

Die Anforderungen an die Einsichtsfähigkeit sind natürlich auch abhängig von der *Komplexität* der anstehenden Entscheidung: „Der entscheidende Maßstab für die Beurteilung der Einwilligungsfähigkeit und damit – befugnis eines Minderjährigen kann (...) nur die Komplexität der durch den spezifischen Eingriff aufgeworfenen Faktenfragen und Abwägungsentscheidungen sein (vgl. BT-Drucks. 19/27929, 24 [„Je komplexer die Behandlung oder ihre Folge sind, umso höher muss die Einsichts- und Urteilsfähigkeit ausgeprägt sein, damit [die] Einwilligungsfähigkeit [des Kindes] bejaht werden kann"]). (...) Dies ist zum einen deshalb der Fall, weil insbesondere krankheits- und leiderfahrene chronisch kranke (oder bspw. an einer Geschlechtsdysphorie leidende) Minderjährige im Hinblick auf ihre Lebens- und Behandlungssituation - und hierbei gerade auch in Bezug auf schwerwiegende, riskante und ggf. irreversible (...) Entscheidungen - hoch kompetent sein können (...)".[22] Das heißt auch, dass die Einsichtsfähigkeit keine „globale" Eigenschaft ist, sondern sich immer auf den konkreten Behandlungsfall bzw. die konkrete medizinische oder psychotherapeutische Maßnahme bezieht.[23]

---

18 Vgl. *Bauer/Vollmann*, Einwilligungsfähigkeit bei psychisch Kranken, Nervenarzt 73 (2002), 1031–1038.

19 *Fegert/Schepker/Kölch*, Ethische Fragen und Qualitätsmanagement, in: Fegert/Eggers/Resch (Hrsg.), Psychiatrie und Psychotherapie des Kindes- und Jugendalters, Berlin 2012, 258.

20 *Shaw*, Competence and consent to treatment in children and adolescents, Advances in Psychiatric Treatment 7 (2011), 152.

21 *Taupitz/Neikes*, Juristische Grundlagen, in: Venzlaff/Foerster (Hrsg.), Psychiatrische Begutachtung, München 2009, 503–554.

22 *Gutmann*, in: J. von Staudingers Kommentar zum Bürgerlichen Gesetzbuch mit Einführungsgesetz und Nebengesetzen, Buch 2: Recht der Schuldverhältnisse §§ 630a–630h (Behandlungsvertrag), Berlin 2021, 358 Rn. 89.

23 Vgl. *Foerster*, Begutachtung bei zivilrechtlichen Fragen, in: Foerster/Dreßing (Hrsg.), Psychiatrische Begutachtung, München 2009, 555–581.

In der S2K-Demenz-Leitlinie wird neben der Komplexität auch das Schaden-Nutzen-Verhältnis als relevanter Faktor für die Sorgfalt der Einwilligungsfähigkeitsprüfung angeführt: „Je höher die Komplexität der Entscheidungssituation, je größer der potenzielle Schaden der medizinischen Maßnahme (als Funktion von Schadenwert und Schadenwahrscheinlichkeit) und je ungünstiger die Nutzen-Schadenbilanz, desto sorgfältiger, strenger und aufwendiger sollten Beurteilung und Unterstützung der Einwilligungsfähigkeit vorgenommen werden.“[24]

Besondere Herausforderungen ergeben sich aber bei Minderjährigen vor allem durch alters- und entwicklungspsychologische Aspekte sowie durch die Frage der möglichen Beeinflussung durch andere, insb. Bezugspersonen und Peers. Zur Frage der Beeinflussung bzw. Autonomie schreiben *Stellpflug und Berns*: „Von einer stimmigen Realisierung des Grundrechts auf Selbstbestimmung wird allerdings nur ausgegangen, wenn wirklich autonome Entscheidungen getroffen werden.“[25] Im Kindes- und Jugendalter ist die Ausprägung der Autonomie auf das Entwicklungsalter und die damit verbundenen Entwicklungsaufgaben zu beziehen. In manchen Veröffentlichungen wird darauf hingewiesen, dass Minderjährige auch durch das Internet und insb. die Sozialen Medien einer „Drucksituation“ ausgesetzt seien, so z.B. im Hinblick auf Schönheitsnormen und damit verbunden Schönheitsoperationen.[26] Die Tic-Expert*innen um *Müller-Vahl et al.*[27] berichten beispielsweise von Tourette-artigen Symptomen bei Jugendlichen, die aber eindeutig durch die Sozialen Medien induziert seien. Die präsentierten “Tics” glichen auffällig denen von sehr bekannten Youtuber*innen oder Tiktoker*innen mit Tourette-Syndrom. Die Tic-Expertin *Müller-Vahl* bezeichnet diese zunehmenden Fälle als “mass social media-induced illness” (MSMI), die weltweit auftreten. Inwiefern dies Relevanz hat für die Frage der Einsichtsfähigkeit oder nicht vielmehr schon bei Diagnose- und Indikationsstellung zu klären ist, bleibt zu diskutieren.

---

24 DGGG, DGPPN & DGN (Hrsg.), Einwilligung von Menschen mit Demenz in medizinische Maßnahmen, Interdisziplinäre S2k-Leitlinie für die medizinische Praxis (AWMF-Leitlinie Registernummer 108 – 001), Stuttgart 2020, 99.

25 *Stellpflug/Berns*, Musterberufsordnung für die Psychotherapeuten: Text und Kommentierung, 4. Auflage, Heidelberg 2020, 129.

26 Vgl. *Schumann*, Die Selbstbestimmung einwilligungsfähiger Minderjähriger in der medizinischen Behandlung, RW Heft 1 (2018), 67–90.

27 *Müller-Vahl/Pisarenko/Jakubovski/Fremer*, Stop that! It’s not Tourette’s but a new type of mass sociogenic illness, Brain 145 (2022), 476–480.

In der wenigen Forschung, die es zu informed consent bei Minderjährigen gibt, berichten *Hein et al.* folgende Ergebnisse zur *Altersfrage*: „Earlier work showed that competence to consent was unlikely in children younger than 9.6 years, and in those older than 11.2 years, competence was probable. (...) Results showed that age is the key factor that explains most of the variance in children's competence to consent. IQ is the second important contributing factor. Other factors that could potentially make a causal contribution (gender, disease experience, SES, ethnicity) did not add significantly to the explained variance in competence judgments, nor did the contextual factors".[28]

Auch in der Rechtsliteratur wird sich immer wieder mit der Altersfrage im Hinblick auf die Einsichtsfähigkeit von Minderjährigen auseinandergesetzt. Die beste Zusammenfassung bietet hier m.E. *Gutmann*: „Bei Minderjährigen bedarf die Einwilligungsfähigkeit einer positiven Feststellung. (...) Eine feste Altersgrenze für die Einwilligungsfähigkeit Minderjähriger gibt es jedoch nicht. (...) Die gelegentlich vertretene These, Minderjährige unter 14 Jahren seien ausnahmslos einwilligungsunfähig, ist falsch. (...) Starre Altersgrenzen sind im Bereich medizinischer (und anderer höchstpersönlicher) Entscheidungen generell unangemessen, weil sie weder der individuellen Entwicklung von Kindern und Jugendlichen noch der Vielfalt möglicher Fallgestaltungen gerecht wird. (...) Als Faustregel dürfte es jedoch vertretbar sein, davon auszugehen, dass zwischen dem 7. und 14. Lebensjahr eine widerlegliche Vermutung gegen die EF, zwischen dem 14. und dem 18. Lebensjahr eine widerlegliche Vermutung für diese spricht. (...) Eine solche Faustregel kann die Prüfung des Einzelfalls jedoch nicht ersetzen."[29]

Von Belang sind hier auch andere Altersgrenzen im deutschen Recht, die deutlich machen, dass Jugendlichen signifikante Fähigkeiten im Hinblick auf ihre Rechte und ihre Selbstbestimmung zugeschrieben werden. Dazu zählen z.B. ab 14 Jahren Strafmündigkeit, Religionsmündigkeit, Widerspruch gegen Sorgerechtsübertragung, Einwilligung in die Adoption, ab 16 Jahren Testierfähigkeit, Einwilligung in die Organentnahme sowie aktives Kommunalwahlrecht in einigen Bundesländern.

---

28 *Hein et al.*, Key factors in children's competence to consent to clinical research, BMC Medical Ethics (2015), 3.

29 *Gutmann*, in: J. von Staudingers Kommentar zum Bürgerlichen Gesetzbuch mit Einführungsgesetz und Nebengesetzen, Buch 2: Recht der Schuldverhältnisse §§ 630a–630h (Behandlungsvertrag), Berlin 2021.

Das Vorliegen der Einsichtsfähigkeit darf nicht von der *„Vernünftigkeit"* der getroffenen Entscheidung abhängen, wie sie die Behandlerin möglicherweise einschätzt.[30] Im medizinischen Alltag neige man dazu, Patient*innen für rational zu halten, wenn sie der Empfehlung der Behandlerin zustimmten, und für irrational, wenn sie nicht zustimmten.[31] Beispiel: Hält die Psychotherapeutin eine Psychotherapie für dringend indiziert, die Jugendliche entscheidet sich aber gegen eine Psychotherapie und für die Teilnahme an einem „Influencer-Mental-Health-Retreat", so ist die Einsichtsfähigkeit einer Jugendlichen nicht allein aufgrund ihrer Entscheidung *gegen* eine Psychotherapie in Frage zu stellen.

Aus ethischer Sicht ist auch für Praktiker*innen zu bedenken, dass die Einsichtsfähigkeit der Patientin durch den Beurteilenden *zugeschrieben* wird und durch eigene Werte und Normen beeinflusst wird: „Diese Zuschreibung beruht auf dem Abwägen relevanter Informationen unter Einbezug der moralischen Prinzipien des „Respekts vor der Selbstbestimmung des Pat" und der „Fürsorge". Die Zuschreibung von Einsichtsfähigkeit beinhaltet somit immer eine normative Komponente und wird durch persönliche Werte und Normen der beurteilenden Person beeinflusst (...)".[32]

Auch der Hinweis, dass Probleme in der Einsichtsfähigkeit ja auch bedingt sein könnten durch die (unzureichende) Art und Weise der *Aufklärung*,[33] ist nicht trivial. So gaben in einer Untersuchung von *Nolkemper et al.* 41% der stationär kinder- und jugendpsychiatrisch behandelten Jugendlichen (12–18 Jahre) an, dass die behandelnde Ärztin *nicht* mit ihnen darüber gesprochen habe, was auf sie zukomme.[34]

Die Muster-Berufsordnung der Psychotherapeut*innen weist explizit darauf hin, dass die Behandlungsaufklärung „in einer auf Befindlichkeit und Aufnahmefähigkeit der Patient*in abgestimmten Form (...) zu erfolgen" habe (§ 7 III MBO; vergleiche auch § 630e BGB). *Damm* zitiert hier das Bundesverfassungsgericht in einer Entscheidung von 2011: „Danach muss,

30 Vgl. *Taupitz/Neikes*, Juristische Grundlagen, in: Venzlaff/Foerster (Hrsg.), Psychiatrische Begutachtung, München 2009, 503–554.

31 Vgl. *Shaw*, Competence and consent to treatment in children and adolescents, Advances in Psychiatric Treatment 7 (2011), 150–159.

32 *Trachsel/Gaab/Biller-Andorno*, Psychotherapie-Ethik, Göttingen 2018, 14.

33 Vgl. *Bauer/Vollmann*, Einwilligungsfähigkeit bei psychisch Kranken, Nervenarzt 73 (2002), 1031–1038.

34 *Nolkemper/Wiggert/Müller/Fegert/Kölch*, Partizipation und Informationspraxis in der Kinder- und Jugendpsychiatrie, Praxis der Kinderpsychologie und Kinderpsychiatrie, 2019.

‚soweit der Betroffene gesprächsfähig ist, der ernsthafte, mit dem nötigen Zeitaufwand und ohne Ausübung unzulässigen Drucks unternommene Versuch vorausgegangen sein, seine auf Vertrauen gegründete Zustimmung zu erreichen. Dies gilt unabhängig davon, ob der Untergebrachte einwilligungsfähig ist oder nicht'. Es ist daher ‚auch beim Einwilligungsunfähigen die ärztliche Aufklärung über die beabsichtigte Maßnahme nicht von vornherein entbehrlich', und dies ‚unabhängig von der Frage, ob durch die Aufklärung eine wirksame Einwilligung zu erlangen ist. Eine den Verständnismöglichkeiten des Betroffenen entsprechende Information erübrigt sich daher nicht'."[35] Was hier bezogen ist auf die fehlende Einwilligungsfähigkeit von Erwachsenen, gilt selbstverständlich gleichermaßen auch für Kinder und Jugendliche. Hier gehe es auch um die aktive Ermöglichung von Teilhabe und Partizipation, was insbesondere auch bei vulnerablen Personen besondere Anstrengung und Geduld erfordere.[36] In der Psychotherapie mit Kindern und Jugendlichen sind in den letzten Jahren zahlreiche Materialien entstanden, die bei der entwicklungsangemessenen Aufklärung zu psychotherapeutischen Maßnahmen, Diagnosen und Interventionen unterstützen können (z.B. Informationsblätter, Kindersachbücher, Videos).

III. Überlegungen zur Bestimmung der EF in der Psychotherapie mit Kindern und Jugendlichen

Entlang des Modells von *Beauchamp* und *Childress*[37] zum informed consent und der vier gängigen Elemente der Einsichtsfähigkeit *Verstehen, Verarbeiten, Bewerten und Willensäußerung* möchte ich anregen, folgende strukturierte Überlegungen und Fragen anzustellen, wenn eine *vertiefte* Prüfung der Einsichtsfähigkeit von Minderjährigen in der psychotherapeutischen Praxis erforderlich ist, und dies entsprechend zu dokumentieren. Voraussetzung ist natürlich die Kenntnis der Berufsordnung sowie einschlägiger gesetzlicher und untergesetzlicher Normen sowie der Einbezug und die Reflektion entwicklungspsychologischer, ethischer und gesellschaftlicher Aspekte (Abb. 2). Für den konkreten Einzelfall ist zu berücksichtigen, dass die Ansprüche an die Einsichtsfähigkeit und deren Feststel-

35 Vgl. *Damm*, Einwilligungsunfähige Personen – Rechtskonzept der Einwilligungsfähigkeit und Teilhaberecht, Bundesgesundheitsblatt, 59 (2016), 1075–1084.

36 *Damm*, Einwilligungsunfähige Personen – Rechtskonzept der Einwilligungsfähigkeit und Teilhaberecht, Bundesgesundheitsblatt, 59 (2016), 1081.

37 *Beauchamp/Childress*, Principles of Biomedical Ethics, New York 2019.

lung bei Minderjährigen nicht höher sein dürfen als bei Erwachsenen, bei denen diese in der Regel als gegeben angesehen wird.

Abb. 2: Wichtige Aspekte der Einsichts- und Einwilligungsfähigkeit im Kindes- und Jugendalter

1. Komplexität der Behandlung oder Maßnahme

Die Behandlerin sollte zu Beginn reflektieren, wie *komplex* die zu verstehenden Fakten, die kurz- und langfristigen Konsequenzen der Maßnahme sowie die damit verbundenen Abwägungen für die Minderjährige sind, insb. auch im Hinblick auf Schaden und Nutzen der Maßnahme. Dies auch vor dem Hintergrund des individuellen Entwicklungsalters, des Reifegrads, der kognitiven, emotionalen und sozialen Ressourcen sowie der familiären Situation der Minderjährigen.

2. Grundlegende Fähigkeit zu verstehen und zu entscheiden

Die grundlegende Fähigkeit zu verstehen und zu entscheiden kann von verschiedenen Faktoren beeinflusst werden. *Beauchamp* und *Childress* nennen hier konkret als wichtige Faktoren: Intelligenz, Exekutivfunktionen, Grad der psychischen Erkrankung, Drogenkonsum, Entwicklungsalter/Reife.

Die Behandlerin kommt zu einer Einschätzung, welche Faktoren im Einzelfall in der konkreten Situation das Verstehen und Entscheiden bedeutsam beeinträchtigen können. Möglicherweise sind hier im Einzelfall spezifische psychologische Tests erforderlich, soweit verfügbar. Dokumentiert werden sollte auch, wenn diese Faktoren als nicht gegeben oder nicht beeinträchtigt eingeschätzt werden (Dokumentation des psychischen Befunds).

3. Freiwilligkeit

Beauchamp und *Childress* definieren Freiwilligkeit als die Freiheit von kontrollierenden Bedingungen (freedom from controlling conditions) als notwendige Voraussetzung von Autonomie.[38] Sie nennen drei Kategorien der Beeinflussung, nämlich Zwang, Überzeugung und Manipulation. Beispielhaft nennen sie die informationelle Manipulation in Form von Lügen, Übertreibung oder dem absichtlichen Zurückhalten von Sachverhalten.

Als besonders bedeutsame Einflüsse auf die Freiwilligkeit von Kindern und Jugendlichen sind hier vor allem enge Bezugspersonen und Gleichaltrige zu reflektieren. Zu berücksichtigen ist der Entwicklungs- und Altersbezug der Autonomie-Entwicklung.

4. Art der Information und Empfehlung eines Vorgehens

Die Aufklärung durch die Behandlerin muss in einer auf die Patientin abgestimmten Form erfolgen, um ein Verstehen zu ermöglichen. Die Behandlerin begründet und empfiehlt das aus ihrer fachlichen Sicht indizierte Vorgehen, um der Patientin eine informierte Entscheidung zu ermöglichen. Inhalte sowie Art und Weise der Aufklärung sollten dokumentiert werden. Die Inhalte müssen sich an der Berufsordnung orientieren (§ 7 II MBO: „sämtliche für die Einwilligung wesentlichen Umstände, insbesondere über Art, Umfang, Durchführung, zu erwartende Folgen und Risiken der Maßnahme sowie ihre Notwendigkeit, Dringlichkeit, Eignung und Erfolgsaussichten im Hinblick auf die Diagnose oder die Therapie. Bei der Aufklärung ist auch auf Alternativen zur Maßnahme hinzuweisen, wenn mehrere gleichermaßen indizierte und übliche Methoden zu wesentlich unterschiedlichen Belastungen, Risiken oder Heilungschancen führen können. Die Aufklärungspflicht umfasst weiterhin die Klärung der Rahmenbedingungen

38 *Beauchamp/Childress*, Principles of Biomedical Ethics, New York 2019, 136.

der Behandlung, z. B. Honorarregelungen, Sitzungsdauer und Sitzungsfrequenz und die voraussichtliche Gesamtdauer der Behandlung."

5. Verstehen der Information und des Vorgehens

Hier geht es um das Verstehen der Patientin, „was, wie und warum" etwas mit ihr geschehen soll und was sie selbst dabei zu tun hat.[39]

Fragen an die Minderjährige zur Beurteilung des Informationsverständnisses können z.B. sein:

> Kannst Du mit eigenen Worten wiedergeben, was ich Dir eben erklärt habe?
> Hast Du Fragen zu den Informationen, die ich Dir gerade gegeben habe?
> Welche (Verdachts-)Diagnose hast Du und kannst Du das nachvollziehen?
> Welches Vorgehen habe ich Dir vorgeschlagen? Wie ist der Ablauf?
> Was wird Deine Rolle in der Behandlung sein?
> Welches Ziel hat die Behandlung, was soll sie Dir bringen?
> Welche Schwierigkeiten oder Probleme könnte es geben?
> Was wurde besprochen, was einen möglichen Einbezug oder Nicht-Einbezug Deiner Familie in die Behandlung angeht?

6. Treffen einer Entscheidung und Autorisierung der Durchführung der Behandlung

Hier geht es um die Fähigkeit, kurz- und langfristige positive und negative Konsequenzen einer Entscheidung entwicklungsangemessen zu reflektieren, ihre Bedeutung in Bezug zum eigenen Leben zu setzen und die eigene Entscheidung zu treffen und zu bekunden.[40] Dabei sollten Auswirkungen auf verschiedene Ebenen des persönlichen Lebens reflektiert werden (z.B. psychische Gesundheit, Lebenszufriedenheit, familiäre und soziale Aspekte, schulische oder berufliche Aspekte).

---

39 Vgl. *Kröber*, Psychiatrische Kriterien zur Beurteilung der Einwilligungsfähigkeit, Rechtsmedizin 8 (1998), 41–46.

40 Vgl. *Kröber*, Psychiatrische Kriterien zur Beurteilung der Einwilligungsfähigkeit, Rechtsmedizin 8 (1998), 41–46.

Fragen an die Minderjährige zur Reflektion der Entscheidung können z.B. sein:

Welche Vor- und Nachteile dieser Behandlung siehst Du für Dich selber?
Welche Vor- und Nachteile hätte es für Dich, wenn diese Behandlung nicht durchgeführt wird, Du Dich also dagegen entscheiden würdest?
Was glaubst Du, wie sich Deine Entscheidung für die Behandlung auf Dein Leben auswirken wird, z.B. auf Deine psychische Gesundheit, auf Deine Zufriedenheit, auf Dein soziales Leben?
Warum denkst Du, dass das für Dich persönlich zum jetzigen Zeitpunkt die richtige Entscheidung ist?
Welche Zweifel hast Du an dieser Entscheidung oder womit fühlst Du Dich unsicher?

Die behandelnde Psychotherapeutin trifft am Ende eine Einzelfall-Entscheidung zur Einsichtsfähigkeit der betreffenden Patientin anhand der dargestellten Kriterien: „Zur Bildung eines abschließenden Urteils sollen neben der formalen Prüfung der Kriterien auch weitere zur Verfügung stehende Informationen genutzt werden. Für das Urteil »einwilligungsfähig« müssen die Kriterien Informationsverständnis, Einsicht, Urteilsvermögen, Kommunizieren einer Entscheidung sowie Bestimmbarkeit des Willens gegeben sein. Das Urteil sollte angemessen begründet werden können. (...) Da es sich um ein normatives Urteil handelt, welches nie nur rein deskriptiv ausfällt, sondern immer auch normative Überlegungen beinhaltet (...), sollte der Untersucher seine eigenen Wertvorstellungen kennen und kritisch reflektieren. (...) Im Falle von Einwilligungsunfähigkeit sind die Gründe für die getroffene Feststellung nachvollziehbar darzulegen bzw. zu überlegen und festzuhalten, welche Einschränkungen die mangelnde Einwilligungsfähigkeit verursachen".[41] Bei bedeutsamen Unsicherheiten sollte eine Kollegin hinzugezogen werden (z.B. supervisorisch) oder eine Besprechung im Team stattfinden.

41 DGGG, DGPPN & DGN (Hrsg.), Einwilligung von Menschen mit Demenz in medizinische Maßnahmen, Interdisziplinäre S2k-Leitlinie für die medizinische Praxis (AWMF-Leitlinie Registernummer 108 – 001), Stuttgart 2020, 67 f.

Die Beurteilung der Einsichtsfähigkeit muss *dokumentiert* werden. Dokumentiert werden sollte mindestens:[42]

- Information der Patientin über den Zweck der Untersuchung der Einwilligungsfähigkeit
- Psychischer Befund
- Aufklärung über die geplante Maßnahme (s.o.)
- Ergebnis der Prüfung der Kriterien (Fragen der Behandlerin und Antworten der Patientin)
- Abschließende Beurteilung der Einwilligungsfähigkeit

42 DGGG, DGPPN & DGN (Hrsg.), Einwilligung von Menschen mit Demenz in medizinische Maßnahmen, Interdisziplinäre S2k-Leitlinie für die medizinische Praxis (AWMF-Leitlinie Registernummer 108 – 001), Stuttgart 2020, 68.

Strafbarkeit des Verkaufs des Patientenstamms bei Praxisaufgabe nach §§ 299a, 299b StGB – vgl. BGH VIII ZR 362/19 v. 9.11.2021

Rechtsanwalt Dr. Rudolf Ratzel

I. Einführung

Bei vielen Praxisverkäufen ist der sog. „Goodwill", also der immaterielle Praxiswert ein ausschlaggebender Faktor, häufig deutlich werthaltiger als der materielle Wert einer Praxis, das sog. Anlagevermögen, der materielle Wert. Unter „Goodwill" versteht man richtigerweise die Chance, den bisherigen Patientenstamm zu übernehmen und fortzuführen. Der Weiterverwahrung der Patientenkartei wird dabei eine wichtige Funktion beigemessen; ob zurecht, bleibt zu prüfen. Jedenfalls findet sich in vielen Vertragsmustern eine Klausel, wonach der Praxisübernehmer die Patientenkartei für den Praxisabgeber unentgeltlich verwahrt und nur dann Einsicht nehmen darf, wenn der Patient in der Praxis erscheint und in die Einsichtnahme einwilligt.[1] Diese Verfahrensweise geht auf die sog. „Münchner Empfehlungen zur Wahrung der ärztlichen Schweigepflicht bei Veräußerung einer Arztpraxis" zurück.[2] Vereinfacht ausgedrückt handelt es sich um ein sog. Zweischrankmodell bzw. im Falle digitaler Archivierung um Sperrung des Altdatenbestands durch ein Passwort. Abgesehen von kleineren Modifikationen hat sich dieses Modell seit fast dreißig Jahren in der Praxis bewährt.[3] § 10 Abs. 4 MBO-Ä bzw. § 12 Abs. 5 MBO-Z regelt den Fall, dass sich kein Übernehmer/Verwahrer für die Patientenkartei findet. Kann die Übergabe an die Ärztekammer eine Alternative sein? Nach einem Beschluss des OLG Rostock ist dies nicht der Fall. Vielmehr bleibt dies eine Aufgabe des Nach-

1 Die mündliche Einwilligung reicht nach der DSGVO aus, zur Nachweissicherheit empfiehlt sich hingegen die Verschriftlichung.

2 MedR 1992, 207 ff.; *Ziegler* in: Rieger/Dahm/Katzenmeier/Stellpflug/Ziegler, HK-AKM, Stichwort „Praxisveräußerung" 4330 Rn. 90, hält auch eine konkludente Einwilligung durch Erscheinen in der Praxis für möglich.

3 Siehe hierzu auch Hinweise und Empfehlungen von BÄK und KBV zur ärztlichen Schweigepflicht, Datenschutz und Datenverarbeitung in der Arztpraxis (Stand 15.9.2021) DÄBl. 2021 (A)DOI: 10,3238; Hinweise der KVB zum Thema Patientenkartei bei Praxisbeendigung und Praxisübergabe (Stand 8.8.2022).

lasses.[4] Müssen all diese Praxisabläufe im Lichte des Beschlusses des BGH vom 9.11.2021 neu überdacht werden?

II. Die Ausgangsentscheidung des OLG Nürnberg v. 26.11.2019, Az. 6 U 713/19

Der Kläger ist niedergelassener Zahnarzt. Die beklagte Zahnärztin betrieb bis zum 30.6.2018 ebenfalls eine Zahnarztpraxis in der Nähe der Praxis des Klägers. Sie hatte einen Stamm von rund 600 Patienten, deren Daten sie elektronisch führte. Am 25.5.2017 schlossen die Parteien wegen der schon absehbaren Praxisaufgabe einen „Kaufvertrag Patientenstamm". In der Präambel hielten die Parteien fest, dass der Kläger beabsichtigte, Patientenstamm sowie Domain und Telefonnummer der Beklagten zu erwerben sowie die Patienten in seiner eigenen Praxis weiter versorgen möchte. Die Parteien trafen u.a. folgende Absprachen:

> „§ 1 Gegenstand des Vertrages/Übereignung-und Übergabezeitpunkt
> Der Veräußerer wird seinen Patientenstamm der Privat-und vertragszahnärztlichen Praxis mit Wirkung zum 1.7.2018 an den Erwerber veräußern, übergeben und übereignen. Der Erwerber nimmt die Übertragung hiermit an und führt die Betreuung der Patienten in eigenem Namen und auf eigene Rechnung in seiner bestehenden Praxis fort. Die Domain die Telefonnummer verbleiben bis zum Ende der Vertragslaufzeit bzw. zum Ende des bezahlten Intervalls noch im Besitz des Veräußerers und werden lediglich auf die Domain bzw. die Telefonnummer des Erwerbers umgeleitet. Die Kosten hierfür trägt der Erwerber. Ab dem 1.7.2018 wird eine Rufumleitung auf eine vom Erwerber genannte Rufnummer eingerichtet.
> § 2 Übergabe der Patientenkartei
> Mit vollständiger Zahlung des Kaufpreises geht die Patientenkartei mit sämtlichen Krankenunterlagen in das Eigentum und den Besitz des Erwerbes über, soweit eine schriftliche Einwilligungserklärung (siehe Anhang) der Patienten vorliegt.
> Manuell geführte Patientenkartei
> Im Übrigen nimmt der Erwerber die manuell geführte Patientenkartei für den Veräußerer in Verwahrung. Auf das Verwahrungsverhältnis fin-

---

4 OLG Rostock, Beschl. v. 2.7.2020 – 3 W 7/19, GesR 2020, 810, nein, Aufgabe des Nachlasses bzw. der Erben; siehe aber § 10 Abs. 4 BO-LÄKRP, „Kommen die Ärztinnen und Ärzte dieser Pflicht nicht nach, ist die zuständige Bezirksärztekammer verpflichtet, die Unterlagen im Rahmen der Verwaltungsvollstreckung zu verwahren und zu verwalten."

den die §§ 688 ff. BGB Anwendung, soweit sich aus der aus dem folgenden nichts Abweichendes ergibt.
§ 3 Kaufpreis
Der Kaufpreis für den Patientenstamm sowie für die Domain und Telefonnummer (Goodwill) beträgt Euro 12.000.
§ 4 Überleitung der Patienten
Der Veräußerer wird seine Patienten von der Beendigung seiner Tätigkeit als Zahnärztin und von der Übernahme der Patienten durch den Erwerber rechtzeitig durch ein Rundschreiben (siehe Anlage) informieren. In diesem Rundschreiben wird der Veräußerer den Patienten empfehlen, ihre Behandlung durch den Erwerber fortzusetzen und ihr Vertrauen zukünftig dem Erwerber zu schenken. Der Inhalt des Rundschreibens ist zuvor mit dem Erwerber abzustimmen."

Das infolge gemeinsam abgestimmte Patientenanschreiben lautet wie folgt:

„Liebe Patientinnen und Patienten, ich wende mich heute mit diesem Schreiben an Sie, um Ihnen mitzuteilen, dass ich meine zahnärztliche Tätigkeit schweren Herzens zum 30.6.2018 beenden werde. Ich möchte mich selbstverständlich nicht von Ihnen verabschieden, ohne sie vertrauensvoll an meinen Kollegen Herrn Dr. XY zu verweisen, der sie gerne weiter betreuen würde. Nähere Informationen zur Praxis von Dr. XY können Sie dem beiliegenden Flyer entnehmen. Ihre Patientenakten werden bei Dr. XY hinterlegt und erst mit Ihrem Einverständnis genutzt."

Die Beklagte holte zu dieser Vereinbarung mit dem Kläger vorsorglich eine Auskunft der Bayrischen Landeszahnärztekammer ein und verweigerte auf Grundlage dieser Auskunft die Erfüllung des Vertrages. Die Bay.LZÄK hielt diese Regelung wegen Verstoßes gegen Verbotsnormen für unwirksam. Der Kläger fordert daraufhin von der Zahnärztin die Erfüllung ihrer Pflichten aus dem Vertrag Zug um Zug gegen die Kaufpreiszahlung. Das Landgericht hat die Klage abgewiesen. Der Kaufvertrag sei nach § 134 BGB i. V. m. § 299a Nr. 3 StGB nichtig. Der Kläger könne sich zur Frage der Wirksamkeit des Vertrages nicht auf das für eine Praxisübernahme entwickelte „2-Schrank-Modell" berufen; es liege keine Praxisübernahme vor. Die hiergegen vom Kläger eingelegte Berufung hatte keinen Erfolg. Im Gegenteil – das OLG Nürnberg vertiefte die Begründung des Landgerichts. Es sei bereits fraglich, ob die Verwahrung ohne Zustimmung der Patienten nicht bereits eine Verletzung von § 203 StGB darstellen könne. In die Wertung wären möglicherweise Regelungen der DSGVO einzubeziehen.

Die Übergabe von Patientenakten zur bloßen Verwahrung könnte ohne die (vorherige) Einwilligung der Patienten gegen Art. 6 Abs. 1, insbesondere aber gegen Art. 9 Abs. 1 DSGVO verstoßen. Denn eine Verarbeitung von personenbezogenen Daten liege gemäß Art. 4 Nr. 2 DSGVO vor, wenn Daten offengelegt oder gespeichert werden. Der Begriff der Speicherung (Storage) bezeichnet die Überführung des Informationsgehalts personenbezogener Daten in eine verkörperte Form (auf einem Datenträger) in einer Weise, die es dem Verantwortlichen ermöglicht, die Daten aus dem Datenträger wiederzugewinnen. Dies müsse im Ergebnis nicht entschieden werden, weil das Landgericht zutreffend davon ausgegangen sei, dass der hier vereinbarte Verkauf des Patientenstamms den objektiven Tatbestand des §§ 299a Nr. 3, § 299b Nr. 3 StGB erfülle und deswegen nach § 134 BGB insgesamt nichtig sei. Die Verkäuferin habe sich für die Übergabe der Kartei, die Weiterleitung von Telefongesprächen, die Umleitung von Seitenaufrufen auf die Domain des Klägers und die versprochenen Patientenanschreiben auch eine Gegenleistung versprechen lassen. Die Umleitung von Ein- und Seitenaufrufen, insbesondere aber auch das geplante Patientenanschreiben, mit dem die Beklagte nach § 4 Abs. 2 des Vertrages ausdrücklich eine Empfehlung aussprechen sollte, stellen die Werbung für den Kläger dar, die grundsätzlich das Tatbestandsmerkmal „Zuführung von Patienten" erfüllt. Die Zuführung knüpft an den sozial- und berufsrechtlichen Begriff der Zuweisung (§ 73 Abs. 7 SGB V, § 31 MBO-Ä) an. Nach dem gesetzgeberischen Willen sollen Zuweisungen, Überweisungen, Verweisungen und auch nur unverbindliche Empfehlungen erfasst sein; unabhängig davon, ob sie schriftlich oder mündlich erfolgen. Eine bloße Empfehlung erfülle nur so lange nicht den objektiven Tatbestand des §§ 299a Nr. 3 StGB, als keine Gegenleistung dafür versprochen oder gewährt werde. Der Senat teilte zwar die Auffassung der Klagepartei, dass es Ärzten und Zahnärzten weiterhin möglich sein müsse, ihre Praxis zu veräußern (schon unter dem Gesichtspunkt des Art. 14 GG). Einer Entscheidung dazu, wie dabei der Patientenstamm bzw. die Behandlungsakten „übergeben" werden können, bedürfe es hier aber nicht. Hier gehe es nicht um eine Praxisübergabe im Ganzen, sondern Gegenstand des Vertrages sei die Veräußerung einzelner Vermögenswerte (Patientenstamm „Goodwill") an einen Dritten. Die Zuführung von Patienten soll allein aufgrund medizinischer Erwägungen vorgenommen werden und darf nicht davon abhängen, dass dem Arzt finanzielle Vorteile gewährt werden oder er einem Unternehmen, an dem er selbst beteiligt ist, Patienten zuführt. Mit den hier vertraglich getroffenen Abreden hätten die Parteien dabei die Grenze des Zulässigen überschritten.

Eine salvatorische Klausel könne die vertraglichen Regelungen nicht retten. Die Wertung als Unrechtsvereinbarung ergebe sich aus einer Gesamtschau von Übergabe der Patientenkartei mit werbenden Maßnahmen. Die zentralen Regelungen des Vertrages sind damit unwirksam und auf eine nach §§ 299a, b StGB verbotene Zuweisung gerichtet. Das OLG Nürnberg hat die Revision wegen grundsätzlicher Bedeutung zugelassen.

III. Der Hinweisbeschluss des BGH vom 9.11.2021[5]

Der BGH hat bereits die Frage verneint, ob die Rechtssache grundsätzliche Bedeutung habe. Der BGH hatte die Gelegenheit jedoch zum Anlass genommen, einige Merksätze aufzustellen. Auf die Frage, ob die hier getroffenen vertraglichen Regelungen gegen § 299a StGB verstoßen, komme es im Ergebnis entscheidungserheblich nicht an. Es reiche aus, dass diese vertraglichen Vereinbarungen gemäß § 8 Abs. 5 der BO für die Zahnärzte Bayerns verstoße (Verbot der entgeltlichen Zuweisung von Patienten) i. V. m. § 134 BGB. Die berufsrechtliche Norm sei ein Verbotsgesetz im Sinne von § 134 BGB. Der in §§ 299a, 299b StGB enthaltene Begriff der „Zuführung“ entspreche inhaltlich dem in der BO verwendeten Begriff der „Zuweisung“, der in anderen Berufsordnungen der Ärzte[6], in § 73 Abs. 7 SGB V und § 11 Abs. 1 ApoG gleichbedeutend gebraucht werde. Ebenso wie das OLG Nürnberg schränkte der BGH seine Kritik im Hinblick auf den Verkauf einer Arztpraxis als Gesamtheit dahingehend ein, dass dies auch weiterhin keinen Bedenken grundsätzlicher Art begegne. Nach diesem Hinweisbeschluss wurde die Revision zurückgenommen, sodass das Urteil des OLG Nürnberg rechtskräftig geworden ist.

IV. Konsequenzen für die anwaltliche Praxis

Sich mit den Hinweisen von OLG und BGH zu begnügen, Praxisverkäufe als Ganzes seien natürlich durch diese Entscheidungen nicht eingeschränkt, würde dem Thema ebenso wenig gerecht wie das Gegenteil, also die Befürchtung strafrechtlicher Relevanz derartiger Rechtsgeschäfte in der

5 BGH, Beschl. v. 9.11.2021 – VIII ZR 362/19, MedR 2022, 576 ff.

6 Siehe hierzu vertiefend *Ratzel* § 31 MBO-Ä in: Ratzel/Lippert/Prütting, Kommentar zur MBO-Ä, 8. Aufl. 2023.

Zukunft. Denn die einschlägigen „Münchner Empfehlungen" sind in ihrem Kernbestand nach wie vor relevant. Sie müssen nur im Hinblick auf die modernen Begrifflichkeiten in der DSGVO weiterentwickelt werden. Auch die Überlegung, der Hinweisbeschluss des BGH habe sich durch die Rücknahme der Revision quasi in Luft aufgelöst, dürfte nicht zielführend sein. Denn natürlich wird man die Verknüpfung von Zuführung und Zuweisung mit werblichen Maßnahmen künftig noch sorgfältiger prüfen müssen als dies bislang mitunter Praxis gewesen sein mag.[7] Letztlich ist es ja kein Geheimnis, dass die Aussichten des Kaufinteressenten an einer möglichst vollständigen Übernahme des Patientenstamms ein maßgeblicher Preisbildungsfaktor ist. Deshalb wird er auch bestrebt sein, dass der abgebende Teil an der Übernahme mitwirkt, am besten mit entsprechenden Empfehlungen, dem Erwerber das Vertrauen zu schenken. Um es klar zu sagen: Das ist nicht grundsätzlich verwerflich.[8] Vertragsarztrechtlich ist es sogar erwünscht, dass der Übernehmer „die Praxis" fortführt und zwar am besten, so wie sie ist (§ 103 Abs. 4 Satz 4 SGB V).[9] Die modifizierte Ertragswertmethode (MEWM) als heute vorherrschende Bewertungsmethode für den Praxiswert stellt ebenfalls maßgeblich auf den Zukunftswert ab, weniger auf die Vergangenheit. Die in einem Geldbetrag bezifferten Ertragschancen stellen den Unternehmenswert dar, den ein Übernehmer zu zahlen bereit ist, um die Chance (nicht mehr, aber auch nicht weniger) zu erhalten, selbst diese Erträge zu erwirtschaften. Daraus lassen sich Marktpreise für diese Ertragschancen nachweisen, die bestätigen, dass der Goodwill kennzeichnend für das Ertragswertverfahren – daher der Name – ist, dass der Substanzwert, also das Anlage- und Umlaufvermögen (bilanztechnisch bezeichnet) oder gegenständlich bezeichnet namentlich der Maschinenpark des Unternehmens per se keinen eigenständigen Wert hat, sondern Mittel zum Zweck ist, nämlich der Einkünfteerzielung dient. Man kann dies auch mit dem Schlagwort auf den Punkt bringen: Substanz ist ohne Ertrag wertlos. Voraussetzung ist, dass der Substanzwert des Unternehmens niedriger ist als der Gesamtwert, dies ist aber gerade bei Arztpraxen aufgrund ihres vergleichsweise hohen Goodwills im Verhältnis zum Gesamtwert bis auf Sonderfälle wie nicht lebensfähige Praxen der Fall. Die Modifizierung dieses Verfahrens ist aufgrund der Besonderheiten der Leistungserbringung

7 *Möller*, jurisPR-MedizinR 4/2022.

8 *Cramer/Goldbach* in: Ratzel/Luxenburger, Handbuch Medizinrecht 4. Aufl., Kap. 21 Rn. 33 ff.

9 BSG, Urt. v. 23.3.2016 – B 6 KA 9/15 R, MedR 2017, 405.

von Arztpraxen wie anderer Freiberuflerunternehmen notwendig. Diese besteht in der persönlichen Leistungserbringung. Der Ruf einer Arztpraxis beruht im Wesentlichen auf dem Können und auf der Person des Praxisinhabers und verflüchtigt sich demgemäß ungleich schneller mit dessen Abwesenheit als in einem Wirtschaftsunternehmen, das von der Person der maßgeblich Handelnden wesentlich unabhängiger ist. Die Besonderheit liegt darin, dass die zukünftigen Überschüsse der Arztpraxis nur zeitlich begrenzt herangezogen werden, nämlich solange wie der Goodwill des Praxisinhabers reicht (sog. Goodwillreichweite). Nach dieser Zeit ist der Goodwill des Abgebers verbraucht und der übernehmende Arzt hat seinen eigenen Goodwill an die Stelle des Abgebers gesetzt. Weil der Praxiswert nur aus dem so begrenzten Ergebniszeitraum ermittelt wird, geht – anders als beim Ertragswertverfahren – auch der Sachwert in den Praxiswert ein. Denn dessen Reproduktion erspart sich der Praxiserwerber. Das modifizierte Ertragswertverfahren wird in der Praxis z. B. von der Bayerischen Zahnärztekammer ihren Mitgliedern empfohlen. Dass diese Bewertungsmethode nach den Hinweisen des BGH mit einem Makel behaftet wäre, wird man nicht ernsthaft vertreten können.

V. Gestaltungsoptionen/erlaubte Fördermaßnahmen

Die Betonung datenschutzrechtlicher Belange hinsichtlich des Patientenstamms sind ausführlicher zu regeln. Ein gesonderter Verwahrungsvertrag unter Verweis auf die Münchner Empfehlungen, die einschlägigen berufsrechtlichen Regelungen und eine Auftragsdatenvereinbarung können hilfreich sein.[10] Die Übernahme des Personal zur Stabilisierung des Betriebs ergibt sich bereits aus § 613a BGB. Die Unterstützung bei Übernahme des Mietvertrags ist ebenfalls unproblematisch, im Wege der Nachbesetzung sogar notwendig, § 103 Abs. 4 S. 4 SGB V. Die Mitwirkung im Rahmen der Übernahme der Kommunikationsverbindungen ist zulässig.[11] Die bloße Information der Praxisaufgabe und die Person des Nachfolgers ist ebenfalls

---

10 *Kirschner/Paulus-Ye* in: Scholz/Treptow, Beck'sches Formularbuch Medizin- und Gesundheitsrecht, 2. Aufl. 2022 S. 803, Gesonderter Verwahrungsvertrag unter Verweis auf Münchener Empfehlungen + ggf. Datenschutzrechtliche Vereinbarung Art. 26 DSGVO gemeinsame Verantwortlichkeit oder Auftragsdatenverarbeitung Art. 28, siehe auch *Staufer* in: Ratzel/Luxenburger Kap. 20 Rn. 125 ff.; für Auftragsdatenvereinbarung *Ziegler* in: HK-AKM, Nr. 4330 Rn. 91 (Stand 9/2022) unter Verweis auf Hess. Datenschutzbeauftragten, a.A. Bay. Datenschutzbeauftragter.

11 *Kirschner/Paulus-Ye*, a.a.O. S. 788.

zulässig, denn der Patient soll ja autonom entscheiden können, ob er weiter in dieser Praxis behandelt werden will. Von einer ausdrücklichen Empfehlung, auch dem Nachfolger das Vertrauen zu schenken, sollte man demgegenüber besser Abstand nehmen. Es dürfte jedoch unschädlich sein, den beruflichen Werdegang des Nachfolgers darzustellen, weil auch dies den Willensbildungsprozess der bisherigen Patienten fördern kann.

VI. Offene Fragen

Welche Konsequenzen entstehen für Praxen methodendefinierter Fächer, die nur auf Überweisung tätig werden, also keinen Patientenstamm im eigentlichen Sinne haben? Die Interessenlage des Käufers kann sich hier möglicherweise unterscheiden. Es wird ihm vordergründig auf die Zulassung im beplanten Bezirk ankommen. Eine neutrale Information des Veräußerers an die bisherigen Überweiser dürfte unschädlich sein. Empfiehlt sich in Zukunft der Abschluss einer Schiedsgerichtsvereinbarung, um die Befassung der Zivilgerichte mit derartigen Fragestellungen zu vermeiden? Im Zuständigkeitsbereich des OLG Nürnberg sollte man hierüber ernsthaft nachdenken. Wie ausgeprägt muss die Vorwärtsverteidigung des Rechtsanwalts gegenüber dem eigenen Mandanten ausfallen? Im eigenen Interesse hoch! Was ist mit Altverträgen? Wie weit muss man zurückgehen? Diese Frage ist nicht einheitlich zu beantworten. Ein markantes Datum könnte der Beschluss des BGH sein. Kann sich derjenige, der als Übernehmer den Patientenstamm seit Jahren nutzt, auf Nichtigkeit berufen und den Kaufpreis (anteilig) zurückfordern (§ 817 Satz 1 BGB). Folgt man der Argumentation des OLG Nürnberg, könnte man sich ggf. auf § 817 Satz 2 BGB berufen.

VII. Fazit

Was bleibt als Fazit; nicht jeder Sachverhalt verdient es, dass sich drei Instanzen damit befassen. Das Beste wäre gewesen, diesen Rechtsstreit erst gar nicht zu führen.

Autorenverzeichnis

Prof. Dr. Jens Bülte

Inhaber des Lehrstuhls für Strafrecht, Strafprozessrecht, Wirtschafts- und Steuerstrafrecht an der Universität Mannheim

Forschungsschwerpunkt: Wirtschaftsstrafrecht einschließlich verfassungsrechtlicher und unionsrechtlicher Bezüge, insbesondere Steuer-, Lebensmittel- und Tierschutzstrafrecht sowie Recht der Geldwäschebekämpfung.

Korrespondenzanschrift:
Universität Mannheim, Abteilung Rechtswissenschaft
Lehrstuhl für Strafrecht, Strafprozessrecht, Wirtschafts- und
Steuerstrafrecht
Schloss Westflügel
68161 Mannheim
E-Mail: wistr@mail.uni-mannheim.de

Sabine Maur

Präsidentin der Landespsychotherapeutenkammer Rheinland-Pfalz, Diplom-Psychologin, Psychologische Psychotherapeutin mit Zusatzqualifikation Kinder- und Jungendlichenpsychotherapie

Sabine Maur hat Psychologie in Bonn, Würzburg und Portsmouth (UK) studiert. Sie ist Psychologische Psychotherapeutin mit der Zusatzqualifikation Kinder- und Jugendlichenpsychotherapie. Seit 2010 ist sie mit eigener Praxis in Mainz niedergelassen. Seit 2012 engagiert sie sich berufspolitisch in der rheinland-pfälzischen Landespsychotherapeutenkammer, in verschiedenen Gremien der Bundespsychotherapeutenkammer sowie im Berufsverband. Zudem ist sie seit 2018 Präsidentin der Landespsychotherapeutenkammer Rheinland-Pfalz, in der sie vorher bereits als Beisitzerin im Vorstand tätig war. Sie ist Autorin zahlreicher gemeinschaftlicher Beiträge und von Einzelpublikationen. Maur ist Dozentin und Supervisorin an verschiedenen Aus- und Weiterbildungsinstituten.

Korrespondenzanschrift:
Sabine Maur – Praxis für Psychotherapie
Kaiserstraße 38
55116 Mainz
E-Mail: sml@psychotherapie-mz.de

Rechtsanwalt Dr. Rudolf Ratzel

Rechtsanwalt, Fachanwalt für Medizinrecht, Partner bei Ratzel Rechtsanwälte in München

Rudolf Ratzel studierte Rechtswissenschaft an den Universitäten Fribourg (CH) und Tübingen und ist seit 1982 als Rechtsanwalt zugelassen. Er ist seit 2005 Fachanwalt für Medizinrecht. Im Jahr 2012 gründete er die Kanzlei Ratzel Rechtsanwälte in München. Sein Tätigkeitsschwerpunkt liegt im Bereich des Medizinrechts. Er war von 2008 bis 2019 Vorsitzender der Arbeitsgemeinschaft Medizinrecht im DAV. Seit 2009 ist er Vorsitzender des Medizinrechtsausschusses des DAV, seit 2014 Europabeauftragter des Medizinrechtsausschusses im DAV und seit 2019 Mitglied der Ethikkommission der Medizinischen Fakultät der Ludwigs-Maximilians-Universität München. Zudem ist er Mitherausgeber der Zeitschrift Gesundheitsrecht (GesR) und Autor zahlreicher Veröffentlichungen im Medizinrecht.

Korrespondenzanschrift:
Ratzel Rechtsanwälte
Romanstraße 77
80639 München
E-Mail: Ratzel@ratzel-rechtsanwaelte.de

Prof. Dr. Andreas Spickhoff

Inhaber des Lehrstuhls für Bürgerliches Recht und Medizinrecht an der Ludwig-Maximilians-Universität München

Andreas Spickhoff ist seit 2015 Inhaber des Lehrstuhls für Bürgerliches Recht und Medizinrecht an der Ludwigs-Maximilians-Universität München; zuvor leitete er Lehrstühle an der Friedrich-Schiller-Universität in Jena, der Universität Regensburg und der Georg-August-Universität in Göttingen. Seine Forschungsschwerpunkte sind das Haftungsrecht, Medizinrecht sowie Internationales Privat- und Zivilprozessrecht, jeweils unter Einbeziehung der Rechtsvergleichung. Er ist u. a. Mitglied der Zivilrechtslehrervereinigung, der Zivilprozessrechtslehrervereinigung, der Vereinigung für Internationales Verfahrensrecht, der Wissenschaftlichen Vereinigung für Familienrecht, des Deutschen Rats für Internationales Privatrecht, der Gesellschaft für Rechtsvergleichung und des Arbeitskreises Ärzte und Juristen in der Arbeitsgemeinschaft der Wissenschaftlichen Medizinischen Fachgesellschaften. Andreas Spickhoff ist u. a. Herausgeber eines Kommentars zum Medizinrecht, Alleinherausgeber der Schriftenreihe Medizinrecht und Mitherausgeber der Zeitschrift Medizinrecht (MedR). Er hält Vorlesungen im In- und Ausland.

Korrespondenzanschrift:
Ludwig-Maximilians-Universität München, Juristische Fakultät
Lehrstuhl für Bürgerliches Recht und Medizinrecht
Ludwigstraße 29
80539 München
E-Mail: Andreas.Spickhoff@jura.uni-muenchen.de

Rechtsanwalt Harald Wostry

Rechtsanwalt, Fachanwalt für Medizinrecht und Fachanwalt für Strafrecht, Seniorpartner bei Ratajczak & Partner Rechtsanwälte in Essen

Harald Wostry studierte Rechtswissenschaft an der Ruhr-Universität Bochum. Seit 1983 ist er Rechtsanwalt, seit 1996 Fachanwalt für Strafrecht und seit 2006 Fachanwalt für Medizinrecht. Er ist seit 2007 Partner in der Anwaltspartnergesellschaft Ratajczak & Partner. Darüber hinaus ist er u. a. Mitglied im Fachausschuss Strafrecht der Rechtsanwaltskammer Hamm sowie Mitglied in den Arbeitsgemeinschaften Strafrecht und Medizinrecht im DAV, außerdem ist er Mitglied und war langjähriges Vorstandsmitglied im Verein Anwälte für Ärzte e.V. Des Weiteren ist er in der Fortbildung für Rechtsanwälte und Fachanwälte für das Medizin- und Strafrecht sowie in der Ausbildung der Referendare im Strafrecht tätig. Harald Wostry ist Autor zahlreicher Veröffentlichungen im Medizinrecht und im Strafrecht.

Korrespondenzanschrift:
Ratajczak & Partner Rechtsanwälte
Alfredstraße 310
45133 Essen-Bredeney
E-Mail: wostry@rpmed.de

Kolibri 360 GmbH
Ferdinand-Jühlke-Straße 7
99095 Erfurt, Deutschland
produktsicherheit@kolibri360.de